AUFBRUCH IN DIE MODERNE

MALEREI · LITERATUR · MUSIK 1905 – 1920

Ulrich Hamm
(Malerei und Literatur)

Gerhard Pick
(Musik)

Ernst Klett Verlag

Stuttgart Düsseldorf Leipzig

Arbeitsheft für den fächerverbindenden Unterricht an allgemeinbildenden Schulen ab Kl. 10

Zum Arbeitsheft „Aufbruch in die Moderne" gehört die Compact Disc 207022.

Dieses Symbol verweist auf das jeweilige Hörbeispiel.

Zitate sind in Kursivschrift ausgezeichnet.
Literarische Quellen, Prosatexte und Gedichte sind in dieser Schrift gesetzt.

Umschlagmotiv:
Ernst Ludwig Kirchner: Berliner Straßenszene, 1913
Brücke-Museum Berlin, Foto: Roman März

Gedruckt auf Papier aus
chlorfrei gebleichtem Zellstoff,
säurefrei

1. Auflage A1 5 4 3 2 1 | 2002 2001 2000 99 98

Alle Drucke dieser Auflage können im Unterricht nebeneinander
benutzt werden, sie sind untereinander unverändert.
Die letzte Zahl bezeichnet das Jahr dieses Druckes.

Internetadresse: http://www.klett.de

Redaktion: Gabriele Betz
Herstellung: Franz Wanka
Umschlaggestaltung: Neil Mc Beath, Kornwestheim
Notensatz: Masterkitchen GmbH, Ludwigsburg
Satz und Repro: Repro Maurer, Tübingen
Druck: Schnitzer Druck GmbH, Korb
ISBN 3-12-207020-0

Inhalt

Deutschland und England

„Wie sollen wir uns da die Hand geben?" Karikatur im Simplicissimus, 1912

Die Jahre zwischen 1880 und 1918 gingen als „Zeitalter des Imperialismus" in die Geschichte ein. Großbritannien baute sein Empire aus, Frankreich festigte seine Kolonien, Russland expandierte in Zentralasien und trieb Handel mit dem Fernen Osten. Als aufstrebende Wirtschaftsmacht war das Wilhelminische Deutschland bestrebt, durch Kolonialisierungen in Afrika und den Ausbau seiner Flotte sich ebenbürtig in diese Entwicklung einzuschalten. Die sich daraus ergebenden Konflikte führten zu einem antideutschen Bündnis zwischen England, der führenden Seemacht, Frankreich und Russland, der *Triple Entente*.

Auf diese Weise standen sich in Europa zu Beginn des 20. Jahrhunderts zwei Mächtelager gegenüber: Der *Dreibund* (Deutschland, Österreich-Ungarn, Italien) und die *Entente*. Die beiden Marokkokrisen verschärften den Konflikt zwischen Deutschland und Frankreich und die Balkankriege (1912/13) zerstörten das nachbarschaftliche Verhältnis von Russland und Österreich. In allen Ländern förderte der zunehmende Nationalismus die Rivalitäten untereinander und führte in ein Wettrüsten.

Der Einsteinturm von Erich Mendelsohn in Potsdam, 1912. In expressionistischem Stil erbautes Observatorium zur Beobachtung der Sonnenaktivität

Naturwissenschaftliche Leistungen erlangten höchste gesellschaftliche Achtung, nicht zuletzt auch deswegen, weil sie die Grundlage des wirtschaftlichen Aufstiegs bildeten. Max Planck (Quantentheorie, 1900) und Albert Einstein (spezielle und allgemeine Relativitätstheorie, 1905 und 1916) revolutionierten das tradierte Weltbild der Physik. Wilhelm Röntgen entdeckte die hochfrequentige Strahlung, Nils Bohr entwickelte 1913 ein planetensystemartiges Atommodell. Systematische Forschungsergebnisse fanden weltweite Anerkennung: Zwischen 1901 und 1914 erhielten deutsche Wissenschaftler 14 von 32 Nobelpreisen in Physik, Chemie und Medizin.

Technik und Naturwissenschaft verdrängten im Bewusstsein des konservativen Bildungsbürgertums zunehmend die nicht weniger revolutionären geistesgeschichtlichen und künstlerischen Entwicklungen des frühen 20. Jahrhunderts. Weite Kreise der europäischen Intellektuellen vertraten eine eher naturwissenschaftlich-materialistische Weltanschauung.

Gegen die Kulturlosigkeit der Gesellschaft hatte sich schon Friedrich Nietzsche in seinen philosophischen Schriften gewandt. Ein Teil der akademischen Jugend, vor allem die jungen Schriftsteller, Künstler und Musiker empfanden die tradierten Kulturwerte als nicht mehr tragfähig und sehnten sich nach einem Aufbruch zu Neuem.

Die „feine Gesellschaft" auf einem Ausflug mit dem Automobil, um 1910

Infolge der Industrialisierung kamen auch die technischen Entwicklungen mit Riesenschritten voran. Telefon, drahtlose Telegrafie und die Elektrizität verbesserten private und öffentliche Lebensbedingungen. Die „elektrische Effect- und Reclamebeleuchtung" verwandelte in den Städten die Nacht zum Tage und produzierte eine eigene Großstadtästhetik.

Die Entwicklung der Luftfahrt und des Automobils galt als Symbol für den technischen Fortschritt. Besonders der Luxusartikel Auto verhieß Ansehen und gesteigerten Lebensgenuss.

Der Untergang des Passagierdampfers „Titanic". Kolorierte Zeichnung von Wilhelm Stöwer, 1912

Trotz der atemberaubenden Entwicklungen auf allen Gebieten erlebten viele Menschen die Zeit vor dem Ersten Weltkrieg als ambivalent: Die Stimmung in Europa schwankte zwischen Fortschrittsglauben und der tief begründeten Angst vor einer nicht mehr aufzuhaltenden Katastrophe. Als 1912 das modernste und größte Luxusschiff der Welt, die „Titanic", mit 1522 Menschen im Atlantik versank, wurde dies, wie auch das Erscheinen des „Halleyschen Kometen" (1911), als Vorzeichen eines drohenden Untergangs interpretiert.

Berlin, Potsdamer Platz um 1913

„Weltstadt und Provinz – mit diesen Grundbegriffen aller Zivilisation tritt ein neues Formproblem der Geschichte hervor, das wir Heutigen gerade durchleben, ohne es in seiner ganzen Tragweite auch nur entfernt begriffen zu haben. Statt einer Welt eine Stadt, ein Punkt, in dem sich das ganze Leben weiter Länder sammelt, während der Rest verdorrt; statt eines formvollen, mit der Erde verwachsenen Volkes ein neuer Nomade, ein Parasit, der Großstadtbewohner, der reine, traditionslose, in formlos flukturierender Masse auftretende Tatenmensch, irreligiös, intelligent, unfruchtbar, mit einer tiefen Abneigung gegen das Bauerntum (und dessen höchste Form, den Landadel), also ein ungeheurer Schritt zum Anorganischen, zum Ende."

(Oswald Spengler: Der Untergang des Abendlandes, 1918)

Zechenarbeiterinnen, 1913. Gemälde von Hans Baluschek

Die nach Arbeit suchenden Menschenmassen fanden in der Großstadt einen neuen Lebensraum vor, in dessen Unübersichtlichkeit und Anonymität sie sich jedoch entwurzelt fühlten. In Berlin, das sich in relativ kurzer Zeit zur Weltstadt entwickelt hatte, verwandelten sich ganze Stadtteile in Mietskasernen, in denen die Menschen unter ärmlichsten Bedingungen hausten. Immer mehr Frauen wurden erwerbstätig, das Verhältnis zwischen den Geschlechtern begann sich zu verändern. Zwischen der lohnabhängigen, zunächst noch unorganisierten Arbeiterschaft und dem wohlhabenden, aufstrebenden Bürgertum tat sich eine tiefe Kluft auf.

„Auf Wiedersehen auf dem Boulevard". Deutsche Soldaten im Sommer 1914 auf dem Weg nach Frankreich

Am 28. Juni 1914 ermordete ein serbischer Nationalist in Sarajewo den habsburgischen Thronfolger Franz Ferdinand und seine Frau. Der Kriegserklärung Österreich-Ungarns an Serbien folgte die russische Mobilmachung. Im August erklärte Deutschland Russland und Frankreich den Krieg, England trat wider Erwarten ebenfalls in den Krieg ein.

Die Mobilmachung im Sommer 1914 löste zunächst eine Welle der Begeisterung aus, die alle Bevölkerungsschichten erfasste. Weit verbreitet war die Hoffnung vieler gebildeter Europäer die bedrückenden gesellschaftlichen Widersprüche und politischen Probleme durch einen Krieg („den Vater aller Dinge") lösen und eine grundlegende Erneuerung herbeiführen zu können.

Der aus deutscher Sicht kurz geplante Feldzug misslang. In einem vierjährigen, zermürbenden Stellungskampf und bisher nicht gekannten Materialschlachten fanden Millionen von Menschen den Tod. In allen vom Krieg betroffenen Ländern herrschten bitterste Armut, Hungersnot und geistig-kulturelle Orientierungslosigkeit.

Der Zusammenbruch Russlands nach der Oktoberrevolution verbesserte die deutsche Lage nicht. 1917 traten die USA auf der Seite der Gegner in den Krieg ein. 1918 kapitulierten das Deutsche Reich und seine Verbündeten. Sie verloren ihre monarchischen Verfassungen und große Teile ihres Territoriums.

Januar 1919. Regierungstreue Truppen mit Maschinengewehren im Kampf gegen die Anhänger des Spartakusbundes

Nach der Zwangsabdankung Kaiser Wilhelm II. kam es im November 1918 in deutschen Großstädten zu revoltierenden Massenbewegungen, Streiks und bewaffneten Auseinandersetzungen. Spontan gebildete Arbeiter- und Soldatenräte übernahmen kurzfristig die Macht mit dem Ziel die sozialistische Gesellschaftsordnung zu etablieren. Der linksradikale Spartakusbund forderte die Räterepublik und löste im Januar 1919 in Berlin einen Aufstand aus, der von Freikorpstruppen niedergeschlagen wurde. Die Führer Karl Liebknecht und Rosa Luxemburg wurden dabei ermordet.

Der Versailler Friedensvertrag wies Deutschland 1919 die alleinige Kriegsschuld zu und forderte weit gehende Gebietsabtretungen, gewaltige Reparationszahlungen und Demontagen. Die Härte des von den Siegermächten diktierten Friedensvertrages wurde zum Nährboden neuen Unheils.

Expressionismus
(lat. expressio= Ausdruck) Kulturrevolutionäre Bewegung, ein vielschichtiges und wechselseitig alle Künste umfassendes Phänomen zu Beginn des 20. Jahrhunderts. Die avantgardistischen Künstlergruppen der französischen **„Fauves“**, der deutschen Maler der **„Brücke“** und des **„Blauen Reiters“** bilden die Zentren dieser neuen Bewegung. Gruppenunabhängige Expressionisten waren u.a. Oskar Kokoschka, Max Beckmann, Ludwig Meidner, Otto Dix, George Grosz, James Ensor und Chaim Soutine. Die Maler des Expressionismus strebten eine radikale Erneuerung der Kunst und eine Ausdruckssteigerung mit allen Mitteln an. Die Tore der Museen blieben den frühen französischen und deutschen Expressionisten verschlossen. Sie mussten versuchen über Privatgalerien und andere Orte ihre Arbeiten der Öffentlichkeit vorzustellen, aber auch hier blieb ihnen anfänglich jede Anerkennung verwehrt. Viele Kunstwerke wurden während der Zeit des Nationalsozialismus als „entartet“ vernichtet oder ins Ausland verkauft.

Eine Gruppe von Malern um Henri Matisse stellte 1905 im Pariser Herbstsalon ihre Bilder erstmals gemeinsam aus. André Derain, Maurice de Vlaminck, Albert Marquet, Raoul Dufy und der etwas ferner stehende Georges Rouault gehörten dazu. Ihre in leuchtenden, reinbunten Farben gemalten Landschaften und Porträts (vgl. Bild 26.1) schockierten das Publikum, was ihnen das Schimpfwort **„Fauves“** (wilde Tiere) einbrachte. Ihre Vorbilder waren Vincent van Gogh, Paul Gauguin und die Pointillisten. Nach einer kurzen fauvistischen Phase, einer Art „Feuerprobe“ (Dufy) fiel die Gruppe um 1908 auseinander und die Maler wandten sich jeweils anderen künstlerischen Zielen zu.

Matisse ging es primär um die Reinheit der malerischen Mittel. Vlaminck, der expressivste und temperamentvollste Maler der Gruppe, wollte mit *„Kobaltblau und Zinnoberrot die staatlichen Kunstschulen in die Luft sprengen“* und Derain sagte über seine fauvistische Frühzeit: *„Die Farben wurden für uns zu Dynamitpatronen. Sie sollten das Licht entladen. Wir gingen die Farbe direkt an. Die Idee in ihrer Frische war wundervoll, dass man alles über das Wirkliche hinausheben konnte.“*
Die französischen Expressionisten wollten *„die Erscheinungswelt ganz ursprünglich, wie zum ersten Male oder wieder wie mit Kinderaugen sehen.“*
Ihren Bildern verliehen sie die Vitalität des Ausdrucks allein aus der Kraft und dem „Klang“ der reinen Farbe. Die überkommenen Gesetze der Perspektive, der illusionistischen Körper- und Raumdarstellung durch Licht und Schatten lehnten sie ab, da sie für die moderne Kunst nicht mehr zeitgemäß seien.

Im selben Jahr, 1905, als die „Fauvisten“ zum ersten Mal ausstellten, bildete sich in Dresden die deutsche Künstlervereinigung **„Brücke“** um Ernst Ludwig Kirchner, Erich Bleyel und Erich Heckel, der sich die Freunde Max Pechstein, Karl Schmidt-Rottluff, Otto Müller und vorübergehend auch Emil Nolde anschlossen.
Sie betrachteten ihr kollektiv geprägtes Künstlerdasein als eine Einheit von Kunst und Leben. Im Sinne einer Künstlergemeinschaft verstanden sie sich als Wegbereiter einer neuen humanistischen Kunst. Ihre Beziehungen untereinander waren sehr persönlicher Art und wesentlich enger als die der „Fauves“. In ihrem Programm , das sie 1906 gemeinsam formulierten, heißt es: *„Jeder gehört zu uns, der unmittelbar und unverfälscht das wiedergibt, was ihn zum Schaffen drängt.“*
Im Unterschied zu den „Fauvisten“, die nur ihrem reinen Malerinstinkt folgten, wollten die „Brücke“-Künstler in ihren Werken auch die tiefere Bedeutung der Dinge erfassen.
Mit der Übersiedelung der Brücke-Mitglieder nach Berlin begann ein Auflösungsprozess, denn *„das unerbittliche Berlin zwang jeden von uns sich auf eigensten Wegen durchzuschlagen, sodass sich unser Zusammensein lockerte“* (Pechstein).

MIT DEM GLAUBEN
AN ENTWICKLUNG
AN EINE NEUE GE-
NERATION DER SCHAFFEN-
DEN WIE DER GENIESSEN-
DEN RUFEN WIR ALLE JU-
GEND ZUSAMMEN UND
ALS JUGEND, DIE DIE ZU-
KUNFT TRÄGT, WOLLEN
WIR UNS ARM- UND LE-
BENSFREIHEIT VERSCHAF-
FEN GEGENÜBER DEN
WOHLANGESESSENEN AL-
TEREN KRÄFTEN. JEDER GE-
HÖRT ZU UNS, DER UN-
MITTELBAR UND UNVER-
FÄLSCHT DAS WIEDER-
GIEBT, WAS IHN ZUM
SCHAFFEN DRÄNGT.

Ernst Ludwig Kirchner: Das Programm der Brücke, 1906 Holzschnitt

Zum endgültigen Bruch kam es, als Kirchner 1913 die „Chronik der Brücke“ verfasste, mit der die Malerfreunde nicht einverstanden waren.

Wassily Kandinsky und Franz Marc gründeten 1911 im oberbayrischen Sindelsdorf bei Murnau den **„Blauen Reiter“**. Kandinsky: *„Beide liebten wir Blau, Marc – Pferde, ich – Reiter. So kam der Name von selbst.“* Die Reiterfigur sollte symbolisch Sinnbild und Sendbote der „geistigen“ Kunst dieser Gruppe sein, der sich die Malerinnen und Maler Gabriele Münter, Marianne von Werefkin, August Macke, Alexeji Jawlensky, Lyonel Feininger und Paul Klee sowie der Musiker Arnold Schönberg anschlossen, dessen Musik auf die Künstler von großem Einfluss war. Ihr Almanach „Der Blaue Reiter“ (1912 f.) war Zentrum eines regen Austausches über Bildende Kunst, Literatur und Musik. Sie sahen sich als Vorkämpfer eines neuen religiösen (Marc) und geistigen Zeitalters (Kandinsky).
In ihrer Malerei unterscheiden sich die „Blauen Reiter“ vom expressiven, formzerbrechenden Ausdrucksstil der „Brücke“ vor allem durch ihre sensible Palette „musikalischer Farben“; auch hatte der „Blaue Reiter“ nicht den Charakter einer geschlossenen Gemeinschaft mit einheitlichem Malstil.

Der Maler malt, was er schaut mit seinen innersten Sinnen, die Expression seines Wesens, alles Vergängliche ist ihm nur Gleichnis, er spielt Leben, jeder Eindruck von Außen wird ihm Ausdruck von Innen. Er ist der Träger und der Getragene seiner Visionen, seiner inneren Gesichte. Kann er dafür, dass Gesichter anders aussehen?
H. Walden, 1913

Während die „Brücke"-Künstler stark gefühlsbestimmt arbeiteten, neigten die „Blauen Reiter" eher zu Reflexion und geistiger Auseinandersetzung. Fasziniert von der Malerei Robert Delaunays (vgl. Bild 17), die sie als allein entwicklungsfähig betrachteten, fanden die „Blauen Reiter" zu einer Synthese aus Expressionismus und französischer Malerei.
Kandinsky löste sich in einem künstlerischen Reifeprozess am konsequentesten und weitesten vom Bildgegenstand und fand zu seinem großen Thema der Abstraktion (vgl. Seite 46 f).

Mit dem **Kubismus** entwickelte sich ab 1907 eine weitere bedeutende Bildsprache. Die Erfindung der Collagetechnik sollte für die Malerei, Literatur und Musik des 20. Jahrhunderts von großer Bedeutung werden (vgl. Seite 60/61).

Die italienischen **Futuristen** gehörten zu den radikalsten künstlerisch-literarischen Erneuerern jener Zeit. Sie stellten die glorreiche Kunstvergangenheit ihres Heimatlandes infrage und verherrlichten die moderne Maschinenwelt. Ihre Ziele legten sie in Manifesten nieder. Den Idealen Marinettis, einer der führenden Köpfe der Bewegung, schlossen sich die Maler Umberto Boccioni, Giacomo Balla, Carlo Carrà, Gino Severini und der Maler-Musiker Luigi Russolo an.
Dass man sich gegen die Tyrannei der Worte „Harmonie" und „guter Geschmack" empören muss ... dass man alle schon benutzten Sujets wegkehren muss um unser wirbelndes Leben von Stahl, Stolz, Fieber und Schnelligkeit auszudrücken ... dass man es als Ehre ansehen muss, „verrückt" genannt zu werden ... Dass der allgemeine Dynamismus in der Malerei als dynamische Erfindung gegeben werden muss ... Dass die Bewegung und das Licht das Stoffliche der Körper zerstören ...

Boccioni, Carrà, 1910

Lyrik des deutschen Expressionismus

Es entspricht dem Wesen des Expressionismus, dass er sich in der Lyrik am reinsten verwirklichte. Gefühl vermag sich ... auszusprechen in schlichter Anrufung wie in pathetischer Entfesselung.

Best, 1974

Die expressionistische Lyrik gehört zu den fundamentalen Auseinandersetzungen der Literatur des 20. Jahrhunderts mit der vielschichtigen Problematik der modernen Zivilisation.
Die expressionistische Literatur entwickelte sich in drei Phasen: einen auf Verfall und Untergang fixierten Frühexpressionismus (1910–1914), eine durch Kriegserfahrungen gekennzeichnete hochexpressionistische Phase (1914–18) und einen hoffnungsvoll-messianischen Spätexpressionismus (1918– ca. 1920).

Nicht von ungefähr konzentrierte sich ab 1910 das Zentrum des literarischen Expressionismus in der Großstadt Berlin. Die Vielfalt neuer Erlebnismöglichkeiten in der Metropole faszinierte Schriftsteller wie Maler in gleicher Weise. „Aufbruch" hieß eines der neuen Zauberworte, das als Gedicht- oder Buchtitel häufig zu lesen war.

Aufbruch der Jugend

...
Grell wehen die Fahnen, wir haben uns heftig entschlossen,
Ein Stoß ging durch uns, Not schrie, wir rollen geschwellt,
Wie Sturmflut haben wir uns in die Straßen der Städte ergossen.
Und spülen vorüber die Trümmer zerborstener Welt.

Wir fegen die Macht und stürzen die Throne der Alten,
Vermoderte Kronen bieten wir lachend zu Kauf,
Wir haben die Türen zu wimmernden Kasematten zerspalten
Und stoßen die Tore verruchter Gefängnisse auf.
...

Ernst Wilhelm Lotz, 1913

In diesen Zeilen des Dichters Ernst Wilhelm Lotz (1890–1914) drückt sich die allgemeine Stimmung und das Aufbruchspathos der jungen Dichter in der ersten Phase der expressionistischen Bewegung aus.
Aufbruch bedeutete einerseits den Bruch mit der überlieferten Wertwelt des Bürgertums der Wilhelminischen Gesellschaft und der gesamten Lebenswirklichkeit. Auf der anderen Seite stand der Bruch mit den seither gültigen Denkweisen in Literatur, Malerei und Musik.

Die junge Dichtergeneration erlebte die Zeit zwischen 1910 bis 1914 im Kontrast von Aufbruchshoffnungen und Weltende-Stimmungen als Reaktionen auf eine als höchst krisenhaft empfundene Welt. Sie sahen sich in Opposition zum patriarchalischen Wilhelminischen Gesellschaftssystem, zum literarischen Naturalismus und zum ästhetizistischen, elitären Schönheitskult des Jugendstils.
Die antibürgerlich eingestellte intellektuelle Jugend der Vorkriegszeit erlebte das Wilhelminische Reich mit seiner hektischen Industrialisierung und den sich daraus ergebenden, unbewältigten sozialen, politischen und wirtschaftlichen Problemen als beängstigend und gleichzeitig sinnlos.
Viele Schriftsteller fühlten ihre Vitalität und Bereitschaft zum Handeln verkümmern und ins Leere laufen. Georg Heym schrieb am 19.6.1911 in der Zeitschrift „Aktion":
Unsere Krankheit ist, in dem Ende eines Welttages zu leben, in einem Abend, der so stickig ward, dass man den Dunst seiner Fäulnis kaum ertragen kann.

Der **Kubismus** (1907–1914) wurde von Pablo Picasso und Georges Braque entwickelt. Ausgehend vom Spätwerk Cézannes, in dem die Naturformen auf einfache geometrische Grundformen zurückgeführt sind, aber auch inspiriert durch iberische und afrikanische Skulpturen fanden sie zu einer neuen Bildsprache, die die Kunst des 20. Jahrhunderts wesentlich beeinflusste.
Die kubistische Malerei entfaltete sich in drei Phasen: Den frühkubistischen Anfängen (1907 bis 1909) folgten der analytische Kubismus (1909 – 1912), der die Mehransichtigkeit eines Gegenstandes auf der Fläche entfaltet.
Unter Verwendung verschiedenster Materialien (Holzstücke, Zeitungspapier, Stoffreste u.a.) entstanden die flächigen Kompositionen des synthetischen Kubismus (1912–1914 f.).

Der italienische **Futurismus**, die radikalste künstlerisch-literarische Bewegung zwischen 1909 und 1916, verdankt wesentliche Anregungen dem Schriftsteller Filippo Tommaso Marinetti, der 1909 im „Figaro" das erste Manifest des Futurismus veröffentlichte.
Beeindruckt von den neuen Entwicklungen der Technik, den jüngsten naturwissenschaftlichen Entdeckungen und dem Phänomen der Geschwindigkeit entwickelten die Futuristen die Vision einer Zukunft, die durch revolutionäre Umgestaltung der vorherrschenden bürgerlichen Kultur, ihrer Wertsysteme und Institutionen ein Leben frei von Zwängen ermöglichen sollte.

Einen wichtigen Beitrag zur Förderung der Künste der Avantgarde leisteten die Literaturzeitschriften. 1910 gab Herwarth Walden die Zeitschrift **„Der Sturm"** heraus, 1911 erschien erstmals **„Die Aktion"** von Franz Pfemfert.
Während Walden sich weit gehend unpolitisch für eine absolute Erneuerung der Künste engagierte, kämpfte Pfemfert für eine radikale Erneuerung der gesellschaftlichen Verhältnisse.

Jakob van Hoddis
(eigentlich Hans Davidsohn, 1887/Berlin – 1942/?)
Studierte nach dem Abitur in München Architektur, danach in Jena Griechisch und Philosophie. Er gründete 1909, zusammen mit Kurt Hille, in Berlin den „Neuen Club", in dem junge Schriftsteller ihre Werke vortrugen.
1912 zeigten sich erste Anzeichen einer beginnenden Geisteskrankheit. Ab 1914 hielt er sich in verschiedenen Heilanstalten auf und wurde 1942 von den Nationalsozialisten umgebracht.

In Malerei und Literatur lassen sich zahlreiche Analogien aufspüren: das Zerbrechen der Formen, zunehmende Chiffrierung der Bilder, Ausdruckssteigerung und hoher Eigenwert der Farbe.
Georg Heym, für den van Goghs Bilder von erhellender Bedeutung waren, schrieb 1910 in einem Brief an einen Freund:
„...er (van Gogh) *sieht alle Farben so, wie ich sie sehe. Ich habe ... mir so und so oft gesagt: Donnerwetter, genau so würdest Du ein Gedicht machen: ... Der Sämann in einem unendlichen Feld.*"

Die Berliner Zeitschrift „Der Demokrat" veröffentlichte am 11. Januar 1911 (unter dem Eindruck des Erscheinens des Halleyschen Kometen) das berühmte erste expressionistische Gedicht mit dem bezeichnenden Titel: „Weltende" von Jakob van Hoddis. Es beeindruckte die damalige Jugend tief.

Weltende

Dem Bürger fliegt vom spitzen Kopf der Hut,
In allen Lüften hallt es wie Geschrei.
Dachdecker stürzen ab und gehn entzwei
Und an den Küsten – liest man – steigt die Flut.

Der Sturm ist da, die wilden Meere hupfen
An Land, um dicke Dämme zu zerdrücken.
Die meisten Menschen haben einen Schnupfen.
Die Eisenbahnen fallen von den Brücken.

Jakob van Hoddis, 1911

8 Ludwig Meidner: Weltende, 1914.
Tusche, Bleistift/Papier, 47,7 x 36,5 cm, Kupferstichkabinett, Berlin

In diesem, im wegweisenden Zeilenstil verfassten Simutan-Gedicht, einem Kaleidoskop aufgereihter Katastrophenmeldungen aus einer Zeitungslektüre, mokiert sich Jakob van Hoddis in parodistisch-ironischer Weise über ein Bürgertum, *„das sich in Untergangsstimmung durch einen Kometen versetzen lässt ohne zu merken, dass es selbst dem Untergang geweiht ist."* (Große, 1996)
Franz Pfemfert, der Herausgeber der Literaturzeitschrift „Die Aktion" schrieb: *„Dieses Gedicht ... leitete im Januar 1911 die Aktionslyrik ein, die jetzt das Schlagwort 'expressionistische' Lyrik nennt. Ohne van Hoddis ... wären die meisten 'fortschrittlichen' Lyriker undenkbar."*
Und der Schriftsteller Johannes R. Becher berichtete: *„Immer neue Schönheiten entdeckten wir in diesen acht Zeilen, wir sangen sie, wir summten sie ... Wir fühlten uns wie neue Menschen am ersten geschichtlichen Schöpfungstag, eine neue Welt sollte mit uns beginnen."*

Kasimir Edschmid (1890–1966), Schriftsteller und Theoretiker des Expressionismus, hat 1917 die neue Kunstrichtung beschrieben:

„Es kamen die Künstler der neuen Bewegung. (...)
Ihnen entfaltete das Gefühl sich maßlos.
Sie sahen nicht.
Sie schauten.
Sie fotografierten nicht.
Sie hatten Gesichte.
Statt der Rakete schufen sie die dauernde Erregung.
Statt dem Moment, die Wirkung in der Zeit ...
Sie wollten das Erlebnis, das anhält. (...)
Dafür bedurfte es einer tatsächlich neuen Gestaltung der künstlerischen Welt. Ein **neues Weltbild** musste geschaffen werden.

Edschmid, 1917

Gottfried Benn nannte als Grundhaltung des expressionistischen Stils eine *„Wirklichkeitszertrümmerung"*, ein rücksichtsloses *„An-die-Wurzel-der-Dinge-Gehen"*.
... Zerschlagen einer hohl gewordenen Dichtersprache, die als Ausdrucksmittel der inneren und der äußeren Wirklichkeit des modernen Menschen längst unbrauchbar geworden war.

Schneider, 1963

Nie wieder kam es zwischen europäischen Schriftstellern und Malern zu so engen Beziehungen wie im zweiten Jahrzehnt unseres Jahrhunderts. Sie trafen sich z.B. in den Literarischen Kabaretts Berlins, wo Lesungen der jungen Dichter stattfanden, umrahmt von Aufführungen neuer Musik (z.B. von Arnold Schönberg).
Zu intensivem Gedankenaustausch begegnete sich die Avantgarde auch in Cafés und in Ausstellungen der Galerien, z.B. in Herwarth Waldens Berliner Galerie „Sturm" oder in der „Neuen Sezession".

Wir waren leidenschaftlich unserer Sache ergeben, einzig und allein von ihr erfüllt, ja, wir waren Besessene. In Cafés, auf den Straßen ..., in den Ateliers, Tag und Nacht waren wir „auf dem Marsch", setzten uns selbst in rasante Bewegung, um das Unergründliche zu ergründen und um als Dichter, Maler, Musiker vereint, die „Kunst des Jahrhunderts" zu schaffen ...

Johannes R. Becher, 1936

Es bildeten sich enge Freundschaften wie z.B. zwischen den Schriftstellern Wilhelm Lotz, Jakob van Hoddis und Ludwig Meidner, zwischen Franz Marc und Else Lasker-Schüler, Georg Trakl und Oskar Kokoschka.
Dichter und Maler können getrost zusammenarbeiten. Da gibt es keine Feindschaft noch Neid. Da gibt es nur helle Bereicherung und Leben in geistiger Fülle.

Ludwig Meidner, 1920

Die herausragenden Komponisten der Jahrhundertwende, Gustav Mahler, Frederick Delius, Claude Debussy, Richard Strauss, Aleksandr Skrjabin, Max Reger und – in seinen frühen Werken – Arnold Schönberg wurden von ihren Zeitgenossen im Rahmen der Spätromantik als Repräsentanten der musikalischen Moderne angesehen. Die Ästhetik ihres Schaffens weist, mit Ausnahme Debussys, das Miteinander von zwei gegensätzlichen Charakterzügen auf: Monumentalität (etwa durch große Orchesterbesetzung) und Mystik.
Die Zeit des ausgehenden 19. Jahrhunderts hat musikalische Gipfelleistungen hervorgebracht und dabei das tonale System in allen Verästelungen chromatischer Durchdringung bis in kleinste Feinheiten ausgearbeitet.

Einen eigenen Weg in die Moderne beschritt **Claude Debussy** (1862–1918), als er unter dem Einfluss der Ästhetik französischer symbolistischer Literatur, des malerischen Impressionismus und der russischen wie indonesischen Musik zu einer neuen Kompositionsweise gelangte. Sie war immer tonal angelegt und gewann doch neue klangliche Freiheiten, die sich auch auf die Form seiner Musik auswirkten.

Das kompositorische Werk des Russen **Aleksandr Skrjabin** (1872–1915) wurde nach 1903 mehr und mehr von philosophischen statt musikalisch formalen Gedanken geleitet und entzog sich dem gewohnten Hörverständnis seiner Zeitgenossen. Sein Ziel, mit einem Gesamtkunstwerk, das Musik, Philosophie, Sprache, Tanz, Düfte und Licht-Farbkompositionen enthält, eine Art Initialzündung zur geistigen Erneuerung des Menschen zu erzielen, blieb unerreicht.

Dass ohne Anbindung an die zeitgenössische europäische Musik der Amerikaner **Charles Ives** (1874–1954) zu Beginn des 20. Jahrhunderts in die musikalische Avantgarde vorstieß, ist ein Phänomen, das weder mit Unbekümmertheit gegenüber der Tradition noch mit typisch amerikanischer Experimentierfreude begründet werden kann, sondern vor einem ähnlichen philosophischen Hintergrund steht wie bei einigen Komponisten der „Alten Welt“, z.B. bei A. Skrjabin.

Im Umbruchsprozess der Musik vom Jugendstil zum frühen Expressionismus war **Arnold Schönberg** (vgl. Seite 52 f.) eine der wichtigsten Persönlichkeiten. Die entscheidende Neuerung seines kompositorischen Schaffens ab 1907/8 war der Bruch mit dem tonalen System – der Beziehung aller Töne auf einen Grundton – und die Aufgabe der bisher gültigen Trennung von Konsonanz und Dissonanz.
Mit der Hinwendung in der Kompositionsweise zur Strukturierung der zwölf aufeinander bezogenen Töne, der Zwölftontechnik (Dodekaphonie) verließ Schönberg um 1923 den expressionistischen Stil.

Der Phase des spontanen, wie im Rausch inspirierten Schaffens folgte die intellektuelle Durchleuchtung anhand strenger, formalistischer Kompositionsregeln.

Kraft seiner Persönlichkeit hatte er ab 1903 einen Schülerkreis um sich geschart, der ihm über viele Jahre hindurch treu ergeben war. Schönberg und seine beiden bedeutendsten Schüler, **Anton Webern** (1883–1945) und **Alban Berg** (1885–1935), bildeten den Kern der „Zweiten Wiener Schule“, auf den sich alle Komponisten der nachfolgenden Avantgarde berufen. Während Webern bei der Verwirklichung des so genannten atonalen Komponierens konsequenter als Schönberg selbst war, hat Berg die Wirkung des neuen musikalischen Denkens vor allem zur musikalischen Zeichnung psychologischer Prozesse genutzt. Bergs Hauptwerk, die Oper „Wozzeck“, 1914 begonnen und 1921 abgeschlossen, ging wohl über alle Opernbühnen der Welt und gehört auch heute noch zum Repertoire jedes bedeutenden Opernhauses.

Der Ungar **Béla Bartók** (vgl. Seite 44/45) und der Russe **Igor Strawinsky** (vgl. Seite 34 f.) setzten dem extrem ichbezogenen, komplexen und an Sprachstrukturen orientierten Expressionismus der „Zweiten Wiener Schule“ einen anderen Zweig des musikalischen Expressionismus entgegen, indem sie urtümliche und bewegungsinitiierte Ausdruckselemente verarbeiteten. Sie suchten gesteigerte Expressivität und fanden sie zunächst in rhythmischen und harmonischen Freiräumen der ost- bzw. südosteuropäischen Volksmusik. Im expressionistischen Werk Bartóks wie Strawinskys ist der motorische Impuls des Jazz unverkennbar.
Dies trifft auch auf die frühen Kompositionen von **Paul Hindemith** zu, mit denen er nach 1919 an die Öffentlichkeit trat.

Das neuartige Phänomen Jazz und seine wichtigsten Vorformen, Ragtime und Blues, drangen nach der Jahrhundertwende erst vereinzelt, gegen Ende des Ersten Weltkriegs aber vehement in die Musikszene Europas ein. Für viele, nicht nur junge Menschen, wurde der Jazz als Symbol für unverbrauchte Ursprünglichkeit zum bevorzugten Protestmittel gegen den überhöhten Kunstanspruch der „klassischen“ Musik.

Auch wenn die Kompositionen und Aktionen der beiden führenden Köpfe der „futuristischen Musik“, **Francesco Ballila Pratella** und **Luigi Russolo** kaum ihre Entstehungszeit überdauert haben, so wurden doch die 1910 im „Manifest der futuristischen Musik“ erhobenen Forderungen nach freier Melodik, freien Rhythmen und ungebundener Harmonik aufgenommen. Die künstlerische Mehrfachbegabung des Futurismus, der Maler und Musiker Luigi Russolo sorgte für die musikhistorisch bedeutsamste Neuerung, den „Bruitismus“ (Geräuschkunst, vgl. Seite 25).

... denn die Kunst ist der Notschrei jener, die an sich das Schicksal der Menschheit erleben. Die nicht mit ihm sich abfinden, sondern sich mit ihm auseinander setzen. Die aber oft die Augen schließen um wahrzunehmen, was die Sinne nicht vermitteln, um innen zu schauen ... ; nach außen dringt nur der Widerhall: das Kunstwerk.
A. Schönberg, 1910

Ich entscheide mich beim Komponieren nur durch das Formgefühl. Dieses sagt mir, was ich schreiben muss, alles andere ist ausgeschlossen. Jeder Akkord, den ich setze, entspricht einem Zwang ... meines Ausdrucksbedürfnisses ...
A. Schönberg, 1911

Bartóks Musikerpersönlichkeit wird durch die ... Art des Zusammenschweißens von Urprimitivem mit hoch entwickelter Kultur zu einer einzig Dastehenden. (...) Neuerdings stellt man die Volkskunst gern als den unvollkommenen Überrest einer älteren Kulturstufe hin. (...) Ihr wahrer Wert ist all das, was sie von der Ur-Musik bewahrt hat, ... der aller Formeln bare, von keinem Schema beengte und damit ungeheuer intensive Gefühlsausdruck, die freie, ungehemmte Sprache der Seele.
Z. Kodály, 1918

Die schöpferische Fähigkeit ist uns niemals allein gegeben. Sie ist stets mit der Gabe der Beobachtung verbunden. Und man erkennt den wahrhaft schöpferischen Menschen daran, dass er überall etwas findet, was der Beobachtung wert ist, selbst in den einfachsten und bescheidensten Dingen.
I. Strawinsky, 1936

Ernst Ludwig Kirchner, um 1920

Ernst Ludwig Kirchner
(1880/Aschaffenburg – 1938/Frauenkirch b. Davos)
Kirchner studierte in Dresden und München Architektur und anschließend in München Malerei. Er gründete 1905 in Dresden mit Erich Heckel, Fritz Bleyl und Karl Schmidt-Rottluff die Künstlergemeinschaft „Brücke“.
1911 übersiedelte er nach Berlin, wo er sein neues Thema „Straßenbilder“ fand. Während seiner militärischen Ausbildungszeit erlitt er einen Nervenzusammenbruch, von dem er sich in den Schweizer Bergen bei Davos erholte. Er lebte dort bis zu seinem Freitod 1938.

Paul Boldt
(1886/Ostpreußen – 1921/Freiburg)
Boldt studierte nach dem Abitur in Berlin Philologie. Hier begegnete er der jungen literarischen Avantgarde und begann 1912, fasziniert vom Großstadtleben, Gedichte zu schreiben.
Wegen geistiger Verwirrung wurde er aus dem Kriegsdienst entlassen. 1918 begann er in Berlin ein Medizinstudium, das er in Freiburg fortsetzte. Er starb dort 1921 an den Folgen einer Operation.

11.1 Ernst Ludwig Kirchner: Fünf Frauen auf der Straße, 1913. Öl/Leinwand, 120 x 90 cm, Museum Ludwig, Köln

11.2 Ernst Ludwig Kirchner: Fünf Kokotten, 1914. Holzschnitt, 49,5 x 37,8 cm, Museum Ludwig, Köln

Die Großstadtbilder der frühen Moderne sind keine Stadtbildmalerei im traditionellen Sinne, sondern Darstellungen des als zerstörerisch und doch zugleich auch als faszinierend empfundenen Phänomens der Metropolen.
Die deutschen Expressionisten stellten die Stadt als Schauplatz der Auflösung überlieferter sozialer Ordnungen und ethischer Werte dar. Robert Delaunay zerlegte das Stadtbild in kubistische, durch Licht und reine Farben durchleuchtete Formen. Die Futuristen begeisterten sich für Dynamik, Rhythmus, Bewegung und Lärm der modernen Großstadt.
Von den „Brückekünstlern“ fand vor allem **Ernst Ludwig Kirchner** zu diesem neuen großen Thema. Die großfigurigen Straßenbilder, die zwischen 1913–1915 entstanden sind, bilden nicht nur einen künstlerischen Höhepunkt seiner Berliner Schaffensperiode, sondern gehören auch zu den wichtigsten Beiträgen des deutschen Expressionismus zur Malerei.

Von Dresden kommend übersiedelte Ernst Ludwig Kirchner im Herbst 1911 nach Berlin. Ihm folgten die Freunde Erich Heckel und Karl Schmidt-Rottluff. Max Pechstein und Otto Müller lebten bereits in Berlin, sodass die „Brücke-Mitglieder“ wieder vereint waren. Von der Metropole Berlin erhofften sich die jungen Maler bessere Ausstellungs- und Verkaufsmöglichkeiten und mehr Anerkennung für ihre Arbeit.

Zwischen 1910 und 1912 setzte sich der typisch eckige, verzerrte, ungestüm emotionale Malstil des Expressionismus durch und der Bruch mit dem Fauvismus wurde vollständig. Das war vielleicht teilweise einer Wechselwirkung zwischen Grafik und literarischem Expressionismus zuzuschreiben, da von 1911 an Grafiken von Künstlern der Brücke und anderen im „Sturm“ erschienen oder als Illustrationen in Büchern expressionistischer Autoren Eingang fanden. So illustrierte z. B. Kirchner zwei Erzählungen von Döblin, den er 1912 kennen lernte, mit seinen hervorragenden Holzschnitten. Aber die allgemeine Wendung zu schärferen Winkeln, komplexeren Bildstrukturen, weniger heiteren Farben und einer größeren Neigung zu dynamischer Bewegung vollzog sich unter der Einwirkung von zwei anderen künstlerischen Revolutionen, die sich fast genau gleichzeitig anbahnten und mit etwa einem Jahr Verspätung Deutschland erreichten.
Dieses zeitliche Zusammenfallen des Expressionismus mit dem Kubismus in Frankreich und dem Futurismus in Italien besagt nicht nur, dass auf dem ganzen Kontinent ein großer Umsturz in den Künsten im Gang war; es bedeutete auch, dass in Deutschland die futuristischen und kubistischen Einflüsse vom Expressionismus absorbiert werden konnten, der von beiden annahm, was er brauchen konnte, freilich nicht unbedingt das, was sie auf ihr Programm gesetzt hatten.

Willett, 1970

Anders als in Dresden erlebte Kirchner in Berlin die Hektik, das Getriebensein, das Widernatürliche, die Gefahren der Entfremdung und Vereinsamung im Moloch Großstadt.
Im Unterschied zu Ludwig Meidner und George Grosz, die expressiv verzerrte Stadtlandschaften malten und zeichneten, konzentrierte sich Kirchner auf die Darstellung von Menschen auf der Straße, hauptsächlich Kokotten (gut gekleidete Prostituierte), die sich durch die meist nächtlichen Straßen drängen und die für ihn zu einem Sinnbild einer haltlos schwankenden Existenz wurden. Sie sind umgeben von männlichen Passanten, Freiern, die sich von ihnen angezogen fühlen.
Zu seinen Stadtbildern schrieb Kirchner: *„Das Geheimnis liegt nicht im momentanen Schaffen, es liegt im Sehen, der Vorstellung, der Fantasie, darin, dass ein Mensch die Kraft hat ein inneres Bild, das ihm sein Erleben gibt, sichtbar zu machen, in der Fläche zu formen.“*

Das erste der Berliner Straßenbilder Kirchners ist das im Herbst 1913 entstandene Werk: „Fünf Frauen auf der Straße“ (Bild 11.1).
In diesem, ganz auf die Figurendarstellung konzentrierten Bild, wird das Ambiente, ein Auto links, ein Haus oben, eine Hausfassade rechts, nur so weit angedeutet wie unbedingt nötig. Die ganzfigurig, groß und beziehungslos nebeneinander gestellten Frauen, mit ihrer schwarzblauen Kleidung, hellen Halskrausen und bizarren Hüten, wirken statuenhaft, wie isolierte Statistinnen.
Im Unterschied zur kräftigen Buntfarbigkeit der Bilder seiner Dresdener Zeit verwendete Kirchner hier und in allen folgenden Berliner Straßenbildern eine reduzierte Farbpalette mit vorwiegend dunklen, getrübten Farbtönen. Die Gesamtfarbigkeit ist gedämpft, nicht mehr aus Komplementärfarben zusammengesetzt, sondern auch auf dem Prinzip der Farbverwandtschaft aufgebaut. Ihr psychischer Ausdruckswert ist dadurch aber keineswegs weniger intensiv; sie wirken noch konzentrierter, dichter, bedrückend, und spiegeln im Zusammenwirken mit den in raschen Pinselhieben gesetzten, splittrigen, scharfkantigen Formen die nervöse Unruhe Kirchners und die innere Dynamik seines Großstadt-Erlebens wider.

Ich habe immer den Eindruck eines blutigen Karnevals. Man fühlt, daß die Entscheidung in der Luft liegt, und alles geht drunter und drüber: Wie die Kokotte, die ich malte, ist man selbst. Hingewischt, beim nächsten Male weg. Trotzdem versuche ich immer noch, Ordnung in meine Gedanken zu bringen und aus dem Verworrenen ein Bild der Zeit zu schaffen, was ja meine Aufgabe ist.

Kirchner, 1913

Nach diesem Gemälde hat Kirchner im Winter 1913/14 den eindrucksvollen Holzschnitt „Fünf Kokotten“ (Bild 11.2) geschaffen, der Drucktechnik entsprechend spiegelverkehrt.

Eine der großen Leistungen des deutschen Expressionismus ist die Wiederbelebung der Druckgrafik, vor allem der des Holzschnitts. Keine andere Technik ist so schöpferisch weiterentwickelt worden und keine besaß eine solche Kraft des Ausdrucks, Prägnanz der Darstellung und Konzentration auf das Wesentliche wie die Holzschnitte der jungen deutschen Expressionisten. Sie verzichteten auf Liniensysteme und reduzierten ihre Arbeiten auf den Flächenschnitt in Langholz, dessen Maserungen in die Gestaltung mit einbezogen wurden.
Ohne malerisch-differenzierte Tonwerte stehen die splittrigen schwarzen Flächen in hartem Kontrast zum Weiß. Das Kantig-Akzentuierte der „Brücke"-Malerei rührt hierher.
Über rein ästhetische Funktionen hinaus erfüllte der Holzschnitt der „Brücke"-Künstler in Berlin die Aufgabe literarische Zeitschriften und Gedichtbände zu illustrieren, aber auch Plakate und „Lyrische Flugblätter" herzustellen.

Abendavenue

Die Straße ist von Klängen überstrahlt,
Bewachsen von Phantasmen des Geruches,
Und Hüften in den Hülsen blauen Tuches,
Das aller Schritt zu Reiz zermalmt und mahlt.

Die Dirnen kommen, knarrend, Wollustfuder.
Und Bürgermädchen, die mit Reizen knausern;
Jungfräulein die, und andern, die schon mausern,
Gleitet ein Scharlachlächeln in den Puder.

Teufel! Wir werden wie die Pelikane
– Wenn diese Mädchen uns mit Blicken füttern,
Gierig nach den Konturen und Profilen.

Die alle kommen, einzeln, momentane,
Und aus den fetten Rücken, aus den Müttern,
Bisweilen nach uns Jungen schielen.

Paul Boldt, 1913

1

Kirchners bedeutendstes und auch im Format größtes Berliner Straßenbild ist der „Potsdamer Platz" von 1914 (Bild 12). Dieser damals verkehrsreichste Platz Europas war das pulsierende Zentrum des großstädtischen Lebens (vgl. Seite 5).
Die auf einer Verkehrsinsel bedeutungsmaßstäblich überhöhten und überlängten Frauengestalten beziehen das ganze Geschehen auf sich, sie stellen eine „entseelte Realität" (Döblin) dar.
Die Depersonalisierung der Figuren, die Deformierung und Zersplitterung der Bildgegenstände und die magisch wirkende, getrübte Farbgebung, die z.B. die Straße wie brackiges grünes Wasser erscheinen lässt, steigern die Bildaussage bis ins Irreale und Groteske und lassen Kirchners existenzielle Betroffenheit und sein labiles Lebensgefühl spürbar werden.

2

Ludwig Meidner zählt zu den ausdrucksstärksten und visionärsten Vertretern des Expressionismus.

Alles, was er macht, ist Ausdruck, Ausbruch, Aussprengung. Hier hat die vulkanische Epoche ihren heißesten Krater. (...) Es ist wohl kein Zweiter, dem ... wie Meidner der Wille die Hand führt, die latente Explosivität, das Sichbäumen der seelischen Antriebe, die furiosen Energien zur Sprache zu bringen, das Innerste herauszupressen, jäh hinauszuschleudern auf Leinwand und Papier.

Wolfradt, 1920

In den Caféhäuser trafen sich die Künstlerbohème und die Intellektuellen; das Nachtcafé war nach Meidners Interpretation *„Tribüne der flunkernden Fräcke, der Traiteure, Chikaneure, Amüseure, Tal der artistischen Abenteuer, der imposanten Herren Rhetoriker, Parkett und Spielsaal ...“.*
Sein „Selbstbildnis im Café König, Dresden“, 1914, zeigt den Künstler in seinem Stammlokal, in dem er oft vom Nachmittag bis in die späten Abendstunden saß, beobachtete und zeichnete. Nachts verdichtete er dann im Atelier seine Eindrücke zu frei gestalteten, sehr eindrucksvollen Bildern.

In seinen Caféhaus-Zeichnungen hört man den Summerton elektrischer Aufladungen. Die Leute sind aufgeregt, die Gesichtszüge angespannt, im Sprechen wie im Zuhören. Das greift auf Gegenstände und Raumarchitektur über, die trotz ihrer monströsen Hässlichkeit aufdeckt, wie viel Bildlebendigkeit aus ihr zu ziehen ist. Die Lampen haben es Meidner angetan. Ihre Formen und Lichter erhellen schlagartig die Szene. Unbarmherzig – wie in modernen Folterkammern – werden erregte Hitzköpfe angestrahlt; sie wenigstens geraten ins Schwingen, wenn Stehgeiger und Klavierspieler sich vor einem teilnahmslosen Publikum abmühen.

Grochowiak, 1907

1

2

Kaffehaus

Cognac, Whisky, Schwedenpunsch,
Ich sehe entsetzliche Masken!!
Bin umschnürt von Korallenketten roter Köpfe
– Doch der Himmel ist nahe –
Und gipsene Engel sind vom Plafond gestiegen.
Die blasen mit ihren Schalmeien
Nun – all des Negers Sehnsüchte, –
– Sie haben grüne Zähne und irgendwo ist die Bronze abgeplatzt.
Gaslampen sind Bälle, von jemand in die Luft geworfen
Und hängen wie blödsinnig
– Immer in denselben Räumen –
Ich bin wie ein Kind in tausend Lunaparks
Und wie Bandstreifen, Film
Dreht sich rot und gelb,
Und Tische verändern Farbe und Form
Und wandeln spazieren –
Zwischen den dicken Schenkeln der Frauen und weißen Blusen.
Einer urbelt fortwährend.
Mein Tisch ist ein ovales Stück Marmor,
Kreise werden Eier –
Und Noten werfen wie Schrotschüsse kleine Löcher in mein Gehirn.
Die Engel aus Gips sind verschwunden,
Er sagt, sie sind in der ersten Etage und spielen Billard
– Die Stunde eine Mark – !!
Herr Ober!! – bitte Selterwasser –
Ich bin eine Maschine, an der der Manometer entzwei ist – !
Und alle Walzen spielen im Kreis –
Siehe: Wir sind allzumal Neurastheniker!

George Grosz, 1915/16

✔ Informieren Sie sich über die gesellschaftspolitische Situation jener Jahre. Welche Aspekte kommen in den Stadtbildern Kirchners und Meidners zur Sprache, welche nicht?

✔ Untersuchen Sie in Kirchners „Potsdamer Platz“ die Formgebung, die Funktion der Farbe und die Art der Raumdarstellung. Interpretieren Sie das Bild als Ausdruck der Großstadterfahrungen der expressionistischen Maler und Dichter.

✔ Vergleichen Sie die beiden Darstellungen des Potsdamer Platzes von E. L. Kirchner und L. Meidner.

12 Ernst Ludwig Kirchner: Potsdamer Platz, 1914. Öl/Leinwand, 200 x150 cm, Privatbesitz

13.1 Ludwig Meidner: Potsdamer Platz, 1913. Feder/Tusche, 37 x 29 cm, aus der Mappe „Straßen und Cafés“, Dresden 1918

13.2 Ludwig Meidner: Selbstbildnis im Café König (Dresden), 1914. Rohrfeder und Pinsel, Tusche, 53,5 x 50 cm, Städt. Kunsthalle Recklinghausen

Ludwig Meidner
(1884/Bernstadt, Schlesien bis 1966/Darmstadt)
Nach dem Studium an der Akademie in Breslau (1903 bis 1905) übersiedelte er nach Berlin und schloss sich der expressionistischen Bewegung an. In Berlin hat er künstlerisch wie literarisch einen ganz wesentlichen Beitrag für die Kunst des Expressionismus geleistet. Ab 1933 wurde er als „entartet" verfolgt und emigrierte nach England. Nach seiner Rückkehr lebte er in Frankfurt und Darmstadt.

Die Verbindung von Selbstporträt und Stadtansicht wie im Bild „Ich und die Stadt" (Bild 14) findet sich nur bei Meidner. Das schreckhaft und herausfordernd wirkende Gesicht des Malers ist wie ein Spiegelbild seines inneren Zustandes vor ein durcheinander stürzendes Chaos von Häusern, Fabriken und Schloten gestellt. Über einem Schornstein im linken Bildhintergrund fliegt ein gelber Heißluftballon, der in den Jahren der beginnenden Luftfahrt als ein Symbol technischen Fortschritts interpretiert werden kann.

Was peitscht mich denn so in die Stadt hinein? Was ras' ich verrückt heerstraßenlang?! Pfahle blutig anrempelnd, Schädel zertrümmernd an feisten Stämmen und meine stadtgeilen Füße zerreißen am Gestein der Nacht, schreibt Ludwig Meidner 1918 in seinem Buch „Im Nacken das Sternenmeer".

In seiner programmatischen Schrift: „Anleitung zum Malen von Großstadtbildern" heißt es 1914:

Wir müssen endlich anfangen, unsere Heimat zu malen, die Großstadt, die wir unendlich lieben. (...)
Malen wir das Naheliegende, unsere Stadt-Welt! Die tumultuarischen Straßen, die Eleganz eiserner Hängebrücken, die Gasometer, welche in weißen Wolkengebirgen hängen, die brüllende Koloristik der Autobusse und Schnellzugslokomotiven, die wogenden Telefondrähte (sind sie nicht wie Gesang?), die Harlekinaden der Litfaß-Säulen, und dann die Nacht ... die Großstadt-Nacht ...
Würde uns nicht die Dramatik eines gut gemalten Fabrikschornsteins tiefer bewegen als alle Borgo-Brände und Konstantinsschlachten Raffaels?

Die Großstadt zerstört durch die Mannigfaltigkeit der Eindrücke, durch Hektik, Unübersichtlichkeit, Anonymität, Kälte und Gleichgültigkeit des Ich, sie tritt dem Einzelnen wie ein Fremdes gegenüber, ... entfremdet also das Ich sich selbst, seiner Umwelt und seinem Nächsten. Das Gefühl eines in der Stadt haltlos gewordenen, einsamen Ichs vermitteln viele Gedichte ...
Große, 1996

Eine höchst nervöse, cerebrale, illusionistische Kunst, dadurch innerlichst mit dem Varieté verwandt; auch mit dem Kino, wenigstens mit einem möglichen, noch nicht entdeckten Kino. Blitzlichtkunst mit einem Parfum von Laster und Perversität wie jede nächtliche Großstadtstraße.
Harry Graf Kessler, 1917

14 Ludwig Meidner: Ich und die Stadt, 1913. Öl/Leinwand, 60 x 50 cm, Privatbesitz

15 Ludwig Meidner: Apokalyptische Stadt, 1913. Öl/Leinw., 81,3 x 115,5 cm, Westfälisches Landesmuseum Münster

Kein anderer Maler hat die Untergangsängste und -visionen seiner Zeit so eindrucksvoll dargestellt wie Ludwig Meidner in seinen so genannten „Apokalyptischen Landschaften“, einem Themenkomplex mit der Bezeichnung: „Stadt – Landschaft – Untergang“, der zwischen 1912 und 1916 entstand.
Die chaotischen Elemente der Großstadt und ihrer industriell geprägten Vororte stehen stellvertretend für den drohenden Zusammenbruch. Meidners „Apokalyptische Landschaften“ entstanden vor dem Hintergrund politischer Krisen, gesellschaftlicher Umwälzungen und einschneidender persönlicher Leiderfahrungen.
Das Werk „Apokalyptische Stadt“ (Bild 15) zeigt die Stadt als Opfer kosmischer Gewalten. Ein konkreter Anlass hierfür dürfte im Erscheinen des Halleyschen Kometen gesehen werden (vgl. S. 8). Orangerote Feuersbrünste ergießen sich über die Stadt und kontrastieren mit dem düsteren Nachthimmel. In einer Art unheilvoller Vorahnung gestaltet Meidner ein Jahr vor Ausbruch des Ersten Weltkrieges die Unabwendbarkeit des Untergangs.
Schon Friedrich Nietzsche hat in seiner Schrift „Also sprach Zarathustra“ die Stadt als Ort des Verderbens dargestellt:

Wehe dieser großen Stadt! – Und ich wollte, ich sähe schon die Feuersäule, in der sie verbrannt wird! Denn solche Feuersäulen müssen dem großen Mittage vorangehn.

Da mit Sicherheit angenommen werden darf, dass Meidner dieses Werk gelesen hatte, können die „Apokalyptischen Landschaften“ auch als eine Verarbeitung von Nietzsche-Ideen interpretiert werden. Überhaupt war das Werk Nietzsches für die avantgardistischen Maler und Schriftsteller des frühen 20. Jahrhunderts von großer Bedeutung.

An die Verstummten

O, der Wahnsinn der großen Stadt, da am Abend
An schwarzer Mauer verkrüppelte Bäume starren,
Aus silberner Maske der Geist des Bösen schaut;
Licht mit magnetischer Geißel die steinerne Nacht verdrängt.
O, das versunkene Läuten der Abendglocken.

Hure, die in eisigen Schauern ein totes Kindlein gebärt
Rasend peitscht Gottes Zorn die Stirne des Besessenen,
Purpurne Seuche, Hunger, der grüne Augen zerbricht.
O, das grässliche Lachen des Golds.

Aber stille blutet in dunkler Höhle stummere Menschheit,
Fügt aus harten Metallen das erlösende Haupt.

Georg Trakl, 1913

Ich schaute auf die Erde – siehe da, lauter Öde! Schaute auf zum Himmel – dahin war sein Licht! Ich schaute auf die Berge – siehe da, sie wankten und schwankten! Ich schaute hin – siehe, da verschwanden die Menschen und die Vögel des Himmels, sie alle entflohen! Ich schaute auf das Fruchtland – siehe da, die Wüste und all seine Städte zerstört vor dem Herrn, vor seinem glühenden Zorn.

Aus den Prophezeiungen des Jeremia, Kap. 4, 23

✔Welche Stilmittel wendet Meidner an um seiner Bildaussage Ausdruck zu verleihen?

Ludwig Meidner hatte mit Richard Janthurs und **Jakob Steinhardt,** einem deutsch-israelischen Maler, die Gruppe der „Pathetiker" gegründet. So sehr diese Künstler vom italienischen Futurismus und französischen Kubismus beeinflusst waren, sind sie doch in der Bildaussage, im Aufbrechen seelischer Tiefendimensionen deutsche Expressionisten.

Das Gemälde „Die Stadt" (Bild 16) zeigt eine nächtliche Straßenszene mit einer Häuserschlucht, durch die Straßenbahnen fahren. Schemenhafte, dicht gedränge Menschenmassen hasten im Schein der Laternen durcheinander. Eine getrübte Gesamtfarbigkeit, partiell aufgehellt durch ein fahles Laternenlicht, schafft eine irreale, spukhafte Bildwirkung. Im Gegensatz zu den anonymen Straßenpassanten deckt Steinhardt in der linken Bildhälfte einzelne Schicksale in ihrer Reaktion auf die Großstadt auf: Menschen, versunken in trostlose Einsamkeit und Verlorenheit.

Städter

Dicht wie Löcher eines Siebes stehn
Fenster beieinander, drängend fassen
Häuser sich so dicht an, dass die Straßen
Grau geschwollen wie Gewürgte sehn.

Ineinander dicht hineingehakt
Sitzen in den Trams die zwei Fassaden
Leute, ihre nahen Blicke baden
Ineinander, ohne Scheu befragt.

Unsre Wände sind so dünn wie Haut
Dass ein jeder teilnimmt, wenn ich weine.
Unser Flüstern, Denken .. wird Gegröle ..

– Und wie still in dick verschlossner Höhle
Ganz unangerührt und ungeschaut
Steht ein jeder fern und fühlt: alleine.

Alfred Wolfenstein, 1914

Robert Delaunay hatte von allen französischen Malern die persönlichsten und freundschaftlichsten Beziehungen zu deutschen Künstlern und Galeristen. 1911 beteiligte er sich erstmals an einer Ausstellung des „Blauen Reiters" in München, später auch in Köln und 1913 in Waldens „Sturm"-Galerie in Berlin. Auf die deutsche Avantgarde (Macke und die rheinischen Expressionisten, Marc, Klee, Kandinsky, Feininger, Meidner, Steinhardt, Grosz u.a.) waren Delaunays Bild-Serien „Die Stadt", „Eiffeltürme" und „Fenster" von größtem Einfluss. Delaunay darf als der Begründer der modernen Großstadtmalerei bezeichnet werden.

Robert Delaunay hat vor drei Jahren mit seiner großartigen Konzeption des „Tour Eiffel" unsere Bewegung inauguriert (= eingeleitet) *... und alle jüngeren Talente sollten sogleich an die Arbeit gehen und alle unsere Ausstellungen mit Großstadtschilderungen überschwemmen.*

Meidner, 1914

Im Bild „Der Eiffelturm" (Bild 17) bedient sich Delaunay der kubo-futuristischen Formensprache. 1911 sah die Malerin Elisabeth Epstein Delaunays Bilder und sandte Fotos davon an Kandinsky. In den *„zusammenstürzenden, lichtgepeitschten"* Eiffeltürmen sah sie ein Zerschlagen der alten Gesetze der Malerei. Sie schrieb: *„Die französische Kunst und die Kunst der Welt kämpft, in Paris, in einer katastrophischen Konvulsion* (= krampfhaften Zuckung), *die den Begriff der 'reinen Malerei' gebären sollte."*

Delaunays französische Zeitgenossen sprachen angesichts dieser Zerlegung der Formen von „Katastrophenkunst". 1924 schrieb Delaunay über seine „Eiffeltürme":

„Das ist die Synthese dieser ganzen Epoche der Destruktion: eine prophetische Vision. (...) Das Licht deformiert alles, zerbricht alles, keine Geometrie mehr, Europa zerfällt."

Jakob Steinhardt
(1887/Zerkow, Posen – 1968/Nahariah, Israel) studierte von 1906–11 in Berlin bei Lovis Corinth und Paris (H. Matisse) und stellte ab 1912 in Waldens Galerie „Sturm" aus. 1933 emigrierte er nach Palästina und leitete ab 1952 in Jerusalem eine Kunstschule.

16 Jakob Steinhardt: Die Stadt, 1913. Öl/Leinwand, 61 x 40 cm, Nationalgalerie Berlin

17 Robert Delaunay: Eiffelturm, 1911. Öl/Leinw., 202 x 138,4 cm, Solomon R. Guggenheim-Museum, New York

Umberto Boccioni
(1882/Reggio, Calabria – 1916/Verona)
Hauptvertreter und Theoretiker des italienischen Futurismus. 1910 veröffentlichte er zusammen mit Luigi Russolo, Carlo Carrà und Giacomo Balla das „Manifest der futuristischen Malerei". In seiner Malerei und Plastik stellte er simultan verschiedene Ansichten und Bewegungszustände von Gegenständen dar.

Die Simultaneität der Seelenzustände im Kunstwerk: Das ist das berauschende Ziel unserer Kunst. Erklären wir uns durch Beispiele. Wenn wir eine Person auf einem Balkon malen, gesehen vom Innenraum aus, dann beschränken wir die Szene nicht auf das, was das Fensterrechteck zu sehen erlaubt, sondern wir bemühen uns das Ganze der sichtbaren Empfindungen zu geben, welche die Person auf dem Balkon erfahren hat: das besonnte Gewimmel der Straße, die doppelte Reihe der Häuser, die sich zu ihrer rechten und linken Seite hinziehen, Blumenbalkons usw.; das ist die Simultaneität der Umgebung und hat Verschiebung und Zergliederung der Gegenstände, Zerstreuung und Verschmelzung der Details zur Folge. Um den Betrachter im Zentrum des Bildes leben zu lassen muss das Bild die Synthese sein von dem, woran man sich erinnert und dem, was man sieht.

Aus dem Vorwort der futuristischen Maler zu ihrer ersten Ausstellung in Paris, 1912

Begründer der futuristischen Bewegung war der italienische Schriftsteller Filippo Tommaso Marinetti, der 1909 im Pariser „Figaro" sein „Futuristisches Manifest" veröffentlichte, in dem er, durch gewaltsame Zerstörung der bürgerlichen Kultur und ihrer Wertewelt, die nationale Wiedergeburt Italiens propagierte. Er entwarf Visionen einer besseren Zukunft der modernen Industriegesellschaft. *„Ein Rennwagen ist schöner als die Nike von Samothrake"*, so lautete eine seiner provozierenden Formulierungen.
Seinen Idealen schlossen sich die Maler Umberto Boccioni, Luigi Russolo, Gino Severini, Carlo Carrà und Giacomo Balla an, die ihrerseits 1910 das „Manifest der futuristischen Maler" veröffentlichten.
Ihr zentrales Thema war die Darstellung der Gegenwart, der Großstadt in ihrer Dynamik und Geschwindigkeit durch eine „simultane" (= gleichzeitige) Wiedergabe verschiedenster Bewegungsabläufe. Von großem Einfluss auf ihre Malerei waren u.a. die „Eiffeltürme" Delaunays (vgl. Bild 17).

In einem der Hauptwerke des Futurismus, „Der Lärm der Straße dringt ins Haus" von **Umberto Boccioni** (Bild 18) werden die „Kräfte einer Straße" für den Betrachter nachvollziehbar. Boccioni versucht akustische Reize in optische umzusetzen und eine dynamische Empfindung wiederzugeben. Seine Absicht war, *„den Betrachter in die Mitte des Bildes setzen und ihm nicht länger Dinge und Personen zeigen, die vor ihm aufgestellt sind".*
Die Bildmitte ist hier durch die farbig dunkelste Stelle, den Kopf der Frau, bestimmt und von hier aus soll der Betrachter erleben, was sich auf der Straße an simultanen Sinneswahrnehmungen des Sehens und Hörens, Tastens und Riechens an Dynamik und Bewegung ereignet. Simultaneität und Synästhesie der Wahrnehmung, dynamische Formdurchdringung und rhythmische Farborchestrierung sind die von den Futuristen propagierten energetischen Kräfte zum Antrieb und zur Steigerung gesellschaftlicher Vitalität im 20. Jahrhundert.

Unsere Empfindungen sollen hinfort nicht mehr geflüstert werden. Von nun an sollen sie singen und widerhallen auf unseren Leinwänden wie dröhnende, triumphierende Fanfaren. (...) Ein Kochen und Wirbeln von lärmenden und duftenden Farben und Sonnen verursacht beim Künstler fast ein Delirium.

Carrà: Manifest der Malerei, der Töne, Geräusche und Gerüche, 1913

18 Umberto Boccioni: Der Lärm der Straße dringt ins Haus, 1911. Öl/Leinw., 100 x 100 cm, Kunstmuseum Sprengel, Hannover

Der junge Georg Ehrenfried Grosz trägt den Krieg bereits in sich, noch bevor dieser im Sommer 1914 beginnt. Keine zwanzig Jahre alt, übt er sich in Aufsässigkeit gegen das Wilhelminische Deutschland, in Hass und Verneinung gegen Autorität und Untertanengeist. Früh schon wütet er gegen die Hässlichkeit der Deutschen, ihre Borniertheit und gegen das verklemmte Leben in der Fledermausjacke der Uniformität.

März, 1995

George Grosz (1893–1959) stellt in seinen Straßenszenen von 1915/18 den Zusammenbruch der bürgerlichen Welt dar, in der Morde, Vergewaltigungen, Schlägereien, Feuersbrünste vorherrschen. *„Ich fühlte den Boden unter mir schwanken"*, schreibt er in seiner Autobiografie, *„und dieses Schwanken wurde in meinen Bildern und Aquarellen sichtbar."*
Zu seinem Gemälde „Das Leichenbegängnis" (Bild 19.1) schrieb Grosz:
„... ich male zur Zeit an einem großen Höllenbild – Schnapsgasse grotesker Tode und Verrückter, da spielt sich viel ab – der Leibhaftige reitet auf dem queren Sarg nach links ab durchs Bild, rechts übergibt sich ein Jüngling, speit all die schönen Jugendillusionen in die Leinwand – Oskar Panizza hab ich das Bild gewidmet. Ein Gewimmel besessener Menschentiere – darin, dass diese Epoche destruktiv nach unten segelt – bin ich in der Anschauung unverrückbar."

Grosz hat aber auch vor allem in seinen – scheinbar primitiven – Linien- und Kritzelzeichnungen im „Bänkelsängerton" seiner Gesellschaftskritik bildhaften Ausdruck verliehen.
Zwischen 1915 und 1917 sind zahlreiche Großstadt-Grafiken entstanden, beispielsweise die Lithografie „Friedrichstraße" (Bild 19.2).
In einem verwirrend dichten Geflecht von Konturlinien, das alle Bildgegenstände durch Überschneidungen miteinander verbindet, entwirft Grosz sein Berliner Straßenbild. „Oh heilige Gleichzeitigkeit" schrieb er 1918 in einem Brief an einen Freund.

Friedrichstraßenkroki 3 Uhr 20 nachts
Die Friedrichstraße trägt auf Stein
Die blassen Gewässer des Lichtes.
Die Dirnen umstehn mit Hirschgeweihn
Die Circe meines Gesichtes.

Ich schaue: – Der Träume Phosphor rinnt
In zwei, vier Menschenaugen neu.
– Wie eine Katze springt, gefleckt, der Wind
Zwischen des Asphalts Lichterstreu.

Und trägt den fetten weißen Rauch
Im Maul den jungen Winden ins Nest.
Er fasst die Dirnen an den Bauch
Und klemmt die dünnen Röcke fest.
(...)

Paul Boldt, 1914

1

2

19.1 George Grosz: Das Leichenbegängnis (Widmung an Oskar Panizza), 1917/18. Öl/Leinwand, 140 x 110 cm, Staatsgalerie Stuttgart

19.2 George Grosz: Friedrichstraße, 1918. Feder, Tusche, 48,9 x 32,4 cm, Akademie der Künste Berlin

Oskar Panizza, Psychiater und satirischer Schriftsteller, wegen Majestätsbeleidigung zweimal verurteilt, war, nach Kurt Tucholsky *„der frechste und kühnste, der geistvollste und revolutionärste Prophet seines Landes."*

✔ Weisen Sie in Bild 19.1 futuristische Einflüsse nach und untersuchen Sie, worin es sich andererseits wesenhaft von der futuristischen Malerei unterscheidet.

Expressionistische Lyrik
Mit der frühexpressionistischen Lyrik (1911 – 14) bahnt sich der Beginn der Moderne in der deutschen Literatur an. In ihr kommt unmittelbar das neue Lebensgefühl der jungen Autorengeneration zum Ausdruck, das sich in einem Gefühl der Monotonie, der Sinnlosigkeit des Daseins und einer unbestimmten Furcht vor der Übermacht der modernen Zivilisation äußert.
Die Lyrik ist gekennzeichnet durch die Ahnung eines bevorstehenden Unheils, eines „Weltendes" und von apokalyptischen Visionen.

20 Ernst Ludwig Kirchner: Roter Turm in Halle, 1915. Öl/Leinwand, 120 x 90,5 cm Folkwang Museum Essen

Die große Stadt mit ihren abschreckenden und anziehenden Seiten hat sich auf vielfältige Weise in der Literatur des frühen Expressionismus niedergeschlagen. Von den unterschiedlichsten Künstlern wissen wir, dass sie der Faszination des Großstadterlebnisses erlagen, und es gibt kaum eine Lyrik-Anthologie jener Zeit, in der nicht auch das doppelsinnige Bild der Metropole ausgebreitet wird. Einem Zwitter gleich erscheint die Großstadt mal als übermächtiger, alles verschlingender Moloch, mal als lebensfrohes, sinnlich und intellektuell stimulierendes Milieu. Das Lob auf die kosmopolitischen und ästhetischen Möglichkeiten der urbanen Welt steht schroff neben der Klage über Selbstverlust und existenzieller Bedrohung.
Auffällig ist, dass das Oszillieren (= Schwanken) *zwischen Ablehnung und Bejahung der Metropole sich nicht nur bei unterschiedlichen künstlerischen Temperamenten findet, sondern oft unvermittelt im Werk ein und desselben Künstlers anzutreffen ist.*

Becker, 1991

Die intellektuellen Städter, Schriftsteller, Maler und Musiker fühlten sich aus einem Gefühl der Wahlverwandtschaft von der Großstadt angezogen. Die Hauptstadt Berlin, seit 1911 das Zentrum des literarischen Expressionismus, wurde für die jungen Expressionisten zum Inbegriff modernen Lebensgefühls, zu einer herausfordernden Wirklichkeit, die keine Rückzugs- und Fluchtmöglichkeiten zuließ und deren Mannigfaltigkeit neuer Eindrücke, deren Hektik und Anonymität sie sich stellen mussten.

Im Gedicht „Der Gott der Stadt" von **Georg Heym** wird die Großstadt durch das Bild eines zornigen, mythologischen Gottes dämonisiert, der voll Wut auf die Stadt unter sich, auf ihre Orientierungs- und Hilflosigkeit und ihre zerstörerischen Kräfte starrt.

Der Gott der Stadt

Auf einem Häuserblocke sitzt er breit.
Die Winde lagern schwarz um seine Stirn.
Er schaut voll Wut, wo fern in Einsamkeit
Die letzten Häuser in das Land verirrn.

Vom Abend glänzt der rote Bauch dem Baal,
Die großen Städte knien um ihn her.
Der Kirchenglocken ungeheure Zahl
Wogt auf zu ihm aus schwarzer Türme Meer.

Wie Korybanten-Tanz dröhnt die Musik
Der Millionen durch die Straßen laut.
Der Schlote Rauch, die Wolken der Fabrik
Ziehn auf zu ihm, wie Duft von Weihrauch blaut.

Das Wetter schwelt in seinen Augenbrauen.
Der dunkle Abend wird in Nacht betäubt.
Die Stürme flattern, die wie Geier schauen
Von seinem Haupthaar, das im Zorne sträubt.

Er streckt ins Dunkel seine Fleischerfaust.
Er schüttelt sie. Ein Meer von Feuer jagt
Durch eine Straße. Und der Glutqualm braust
Und frisst sie auf, bis spät der Morgen tagt.

Georg Heym, 1911

In Kirchners berühmtem Bild **„Der Rote Turm in Halle"** (Bild 20) entspricht die extreme Aufsicht, die den Boden wie von hinten her hochgeklappt erscheinen lässt, der Betrachterperspektive in Georg Heyms Gedicht „Der Gott der Stadt".
Dieses Bild ist in Kirchners militärischer Ausbildungszeit entstanden, die den hoch sensiblen, kranken Künstler an den Rand des Zusammenbruchs führte. In diesem ersten völlig menschenleeren Stadtbild Kirchners wird die Leere und Härte des von Hausfassaden und den Türmen der Marienkirche eingerahmten Marktplatzes zu einer Metapher des Unbelebten und einer fast gespenstisch wirkenden Vereinsamung und Verlorenheit bildhaft verdichtet.

Alfred Lichtenstein beschreibt in seinem Gedicht „Punkt“ einen nicht mehr aufzuhaltenden Auflösungsprozess des Ichs.
In „Die Stadt“ stellt er im typischen, von van Hoddis beeinflussten Reihungsstil verschiedenartigste Wahrnehmungsbilder nebeneinander.
Lichtenstein fiel bereits am 25. September, einen Tag vor Franz Marc, in einer Schlacht bei Reims (vgl. sein Gedicht „Abschied“, Seite 57).

Punkt

Die wüsten Straßen fließen lichterloh
Durch den erloschnen Kopf. Und tun mir weh.
Ich fühle deutlich, dass ich bald vergeh –
Dornrosen meines Fleisches, stecht nicht so.

Die Nacht verschimmelt. Giftlaternenschein
Hat, kriechend, sie mit grünem Dreck beschmiert.
Das Herz ist wie ein Sack. Das Blut erfriert.
Die Welt fällt um. Die Augen stürzen ein.

Alfred Lichtenstein, 1914

Die Stadt

Ein weißer Vogel ist der große Himmel.
Hart unter ihn geduckt stiert eine Stadt.
Die Häuser sind halbtote alte Leute.

Griesgrämig glotzt ein dünner Droschkenschimmel.
Und Winde, magre Hunde, rennen matt.
An scharfen Ecken quietschen ihre Häute.

In einer Straße stöhnt ein Irrer: Du, ach, du –
Wenn ich dich endlich, o Geliebte, fände ...
Ein Haufen um ihn staunt und grinst voll Spott.

Drei kleine Menschen spielen Blindekuh –
Auf alles legt die grauen Puderhände
Der Nachmittag, ein sanft verweinter Gott.

Alfred Lichtenstein, 1913

Paul Zech (1881–1946) und Claire Goll (1882 – 1977) thematisieren in ihren Gedichten die als inhuman und entwürdigend erfahrene Arbeitswelt der Fabrikviertel und das Schicksal ungelernter Lohnarbeiterinnen, die als Billigkräfte am Fließband den Unterhalt ihrer Familie sichern mussten. Die wirtschaftliche Situation der Kriegsjahre 1917/18 hatte sich rapide verändert, es herrschte bitterste Armut.

Fabrikstraße tags

Nichts als Mauern. Ohne Gras und Glas
zieht die Straße den gescheckten Gurt
der Fassaden. Keine Bahnspur surrt.
Immer glänzt das Pflaster wassernaß.

Streift ein Mensch dich, trifft sein Blick dich kalt
bis ins Mark; die harten Schritte haun
Feuer aus dem turmhoch steilen Zaun,
noch sein kurzes Atmen wolkt geballt.

21 Ludwig Meidner: Brennendes Fabrikgebäude, 1912. Öl/Leinwand, 46 x 50 cm, Sammlung Tel Aviv Museum

Keine Zuchthauszelle klemmt
so in Eis das Denken wie dies Gehn
zwischen Mauern, die nur sich besehn.

Trägst du Purpur oder Büßerhemd –:
immer drückt mit riesigem Gewicht
Gottes Bannfluch: *uhrenlose Schicht.*

Paul Zech, 1913

Arbeiterinnen

Schwestern, um die Frühlingshügel eurer Schultern
Hängt ihr des Alltags Pelerinen
Und euer Kleid ist morgenrotumsäumt,
Wenn ihr euch durch die graue Vorstadt träumt.

Von den Lawinen der Fabrikgebirge
Ist euer Blumenleib zerdrückt
Und euer rotes Herz verbleicht
Von keiner Flöte, keinem Traum erreicht.

Ihr seht nichts von der Sonne Bacchanal,
Und Firmamente nicht aus blauem Lenz
Nicht Vogelchor um Abende geschürzt;
Denn ihr seid in die Hölle abgestürzt.

Schwestern, um die schwarzen Hügel eures Elends
Häng ich meines Sonntags Feiermantel
Sein Scharlachwurf am Horizont zerschellt,
Wenn er uns trägt zum Fluge aus der Welt.

Claire Goll, 1918

Georg Heym
(1887/Hirschberg, Schlesien bis 1912/Berlin)
Heym entstammte wie Gottfried Benn einem protestantischen Pfarrhaus. Er kam 1900 nach Berlin, legte dort nach einem Jurastudium das Referendarsexamen ab.
Der junge, hoch begabte Dichter ist vor allem durch seine frühexpressionistischen Gedichte berühmt geworden. Im Alter von 25 Jahren ertrank er beim Eislaufen auf der Havel.

Alfred Lichtenstein
(1889/Berlin–1914/Reims)
Lichtenstein studierte ebenfalls Jura und promovierte mit einer Arbeit über Theaterrecht.
Nach dem Eintritt in ein Bayerisches Infanterieregiment fiel er bereits 1914 in Frankreich.

Gottfried Benn
(1886/Mannsfeld – 1956/Berlin)
Benn war im Ersten Weltkrieg vorübergehend Militärarzt, nach dem Krieg Facharzt für Hautkrankheiten. 1912 erschien sein Aufsehen erregender Zyklus „Morgue und andere Gedichte", der seine schockierten Leser ins Leichenschauhaus, den Operationssal oder in die „Krebsbaracke" führte.
1933 nahm er vorübergehend Partei für die Nationalsozialisten, von denen er sich aber rasch wieder abwandte. Er wurde aus der Ärztekammer entlassen und erhielt Schreibverbot. 1935 Eintritt in den Heeresdienst. Nach dem zweiten Weltkrieg hoch geehrt.

Wir rissen uns alle Bangigkeit wie beschwerende Kleider vom Leibe, und nach den Ängsten der Arbeit sausten wir im Galopp durch die Stadt. Von allen Fassaden strömten unsägliche Wonnen ab und der Duft der Avenuen klärte uns wieder von Neuem mit Schöpfermut.
Ludwig Meidner, 1914

✔ Vergleichen Sie Ludwig Meidners Bild „Alaunstraße in Dresden" mit seinem gleichnamigen Gedicht. Worin bestehen Analogien, worin unterscheiden sie sich?

✔ Lassen Sie sich durch die Zeichnung von George Grosz zu einer karikaturhaften Zeichnung zum Gedicht „Nachtcafé" von Gottfried Benn anregen.

1

22.1 Ludwig Meidner: Alaunstraße, Dresden, 1914 Feder/Tusche, 63,5 x 48 cm, Staatl. Kunstsammlungen Dresden, Kupferstichkabinett

Das Gedicht „Alaunstraße in Dresden" von **Ludwig Meidner** fängt in simultaner Verknüpfung verschiedenster Sinnesreize die Dynamik einer Dresdener Stadtstraße ein.

Alaunstraße in Dresden

Auf, zu Himmeln auf
schreien Häuserreihen,
trümmern Wände sich hebend und schreien.
Wind um weiß Gesicht, Essen, Türme, Wolken
flattern weit.
Asphalt, der zu Bergen saust,
sprüht die Kinder hoch.
Unter uns die schwarzen Hosen schlenkern,
Tabakpfeife Käfig, Wildbrethase
durch die Himmelsweiße schwimmend.
Fuhrwerksstimmen hauen uns
um Aug und Mund,
Abc der Schilder,
Schnellzugeile...
O Choral der Fernen,
wo Kasernen blauen
wo sich Gotik steilt.
Nimm Gerassel mich
in dein Schicksal ein,
trag mich Wellenberge hoch
und Täler nieder.
Aus Budiken, Milchgeschäften
wirbelt Heringswonne in mein Ohr.
Aus den Betten zwanzigstöckiger Häuser,
aus den Läden, Truhen, Käfigen der Menschen
hauchen Winde diese Wellenbahn vorüber,
und die Löcherfronten krachen
in der Glut des weißen Tages.

Ludwig Meidner, 1914

Wie für die Maler waren auch für die Literaten die Cafés Orte kreativer Inspiration.
In **Gottfried Benns** Gedicht „Nachtcafé" werden die Personen entindividualisiert, verdinglicht und nur noch als ihre hässlichen Attribute dargestellt. Benn gebraucht hier eine Form des „pars pro toto", wobei nur noch ein Teil für das Ganze steht. Hinter dieser Zersetzung des Individuellen ist der sezierende Blick des Arztes Benn spürbar. Die Schilderung des körperlichen Zerfalls in seiner Hässlichkeit wird in krassem Gegensatz zur klassischen Ästhetik des „Schönen und Guten" und zu den christlichen Idealen „Glaube, Liebe, Hoffnung" gestellt.

Nachtcafé

824: Der Frauen Liebe und Leben.
Das Cello trinkt rasch mal. Die Flöte
rülpst tief drei Takte lang: das schöne Abendbrot.
Die Trommel liest den Kriminalroman zu Ende.

Grüne Zähne, Pickel im Gesicht
winkt einer Lidrandentzündung.

Fett im Haar
spricht zu offnem Mund mit Rachenmandel
Glaube, Liebe, Hoffnung um den Hals.

Junger Kropf ist Sattelnase gut.
Er bezahlt für sie drei Biere.

Bartflechte kauft Nelken,
Doppelkinn zu erweichen.

B-moll: die 35. Sonate.
Zwei Augen brüllen auf:
Spritzt nicht das Blut von Chopin in den Saal,
damit das Pack drauf rumlatscht!
Schluß! He, Gigi! –

Die Tür fließt hin: Ein Weib.
Wüste. Ausgedörrt. Kanaanitisch braun.
Keusch. Höhlenreich. Ein Duft kommt mit.
Kaum Duft.
Es ist nur die süße Vorwölbung der Luft
gegen mein Gehirn.

Eine Fettleibigkeit trippelt hinterher.

Gottfried Benn, 1912

2

22.2 George Grosz: Dr. Benn's Nachtcafé, 1918. Feder/Tusche, 20,5 x 20,8 cm Kupferstichkabinett Berlin

Das dicke kleine Buch trieb das Auge des Lernenden im Zickzack hinab – und hinauf in die neue fremde Seite. Aber er machte plötzlich ein Ende – sprang träumend hoch hinaus wie durch die Dachluke ein Verbrecher – über die schwindlige Höhe hetzte die Verfolgung aller Wirklichkeit hinter ihm her, Hunde pfiffen über die Gipfel der Schornsteine, er sprang durch die Luft, aber das Gesetzbuch in seiner Hand lehrte laut immer weiter –

Franz schüttelte sich und schlug mit den Knöcheln auf die Blätter, er sah wieder hinein, – es ging nicht. Diese Sätze packten ihn nicht.

Diese hackenden Sätze wollten gepackt sein –

Er aber dachte bei ihnen nur – an seine Gedanken – (...)

Franz, ärgerlich, dass er immer wieder versank, stand auf und sein Stuhl fuhr heftig ins Zimmer zurück wie ein Horcher am Schlüsselloch. Aus dem Fenster in die Dämmerung gelehnt fühlte er das Haus von dröhnender Stadt erzittern, das Pflaster schwankte zwischen unterirdischem Rollen und schwarz sichtbarem Gewimmel. (...)

Der Mond kam heraus und Franz sah sich die Landstraße entlang auf einer Dampfwalze reiten. Zuerst schien es ein Autoomnibus, dann schwoll eine Eisenwandung paukend und schmetternd unter ihm an. – Er aber wuchs mit, ausgreifend umringten seine Beine wie Gewölbegurte die vor Größe fast regungslos brausende Walze. Hoch aufgerichtet saß er da, vom Lenker wehte Zuversicht zu ihm zurück, vom Beherrscher des ungeheuren Steuers, der die menschenlosen Straßen des Reiches wie eine stündliche Linie durchfuhr – auf wohl bekannte kleine Häuser zu –:

In die schlafende Heimatstadt zog tutend die Maschine ein. In frische Luft voll Sterne und Gärten wühlten sich auf beiden Bürgersteigen die Räder vorwärts. – Erker sprangen vor, zerschmettert, Haufen Nähkörbchen stürzten heraus – Schaufenster schnellten auf den Damm, mit allen Vorräten zerbarst das Warenhaus, dass die Luft erfüllt wurde von glitzernden Geschenken, Kalendern, Pantoffeln, Attrappen, Heringen, Plüschmöbeln. Kreuz und quer überwirbelt von abrasierten Laternen und Bäumen, stießen sie auf den Platz hinaus, der erzitterte vor ihrem furchtbaren Anblick. – Jedes Fenster war ihm hier vertraut. – Alle Scheiben zersprangen, weg polterte die Limonadenbude aus der Schulzeit. Über Wackersteinpflaster um die einstürzende Ecke – ein Ehebett entblößt hing im Gerippe der Balken. Schon platzten neue Ecken von der bremsenlosen Fahrt, aus einem Heer hochgestapelter Betten stoben die Schlafmützen, nirgends ein Liebespaar.

Da begannen die Kirchenglocken zu stürmen, während es rosig dämmerte. – Der Lenker zwinkerte zurück, sein lachender Mund zerschnitt seinen Kopf. – Und er hielt sich nicht mehr an die zarte Linie der Straßen, schwenkte die Walze nach rechts und nach links und rannte in die Wände. Kästchenleicht kippten die Häuser auf das Pflaster, gute Stuben mit Überzügen, leiterdünne Treppen mit Barrieren, Kochgruden, Plumpen, Hofaborte mit Herztüren. Dazwischen stieg das Feuerwerk der seltenen Dinge, beim geringsten Gang immer von neuem groß eingeprägt – die er niemals bisher aus der Erinnerung verjagt hatte: In Sekunden fielen jetzt Denkmal mit Schwert und Palmzweig, Anschlagsäule, Droschkenhalteplatz, Bankfiliale, Villa, deren Neubau beim Sonntagsspaziergang immer wieder überraschte (...)

Aber mit höchster Lust nun in die Leute hinein – die kreischend in den Ruinen irrten, einst Hände in den Hosentaschen vor manchmal klingelnden Läden, vor Kaffeedecken, auf Haustürbänken, in ihrem mühelosen Klatsch hübsch nah beieinander und giftig entfernt von Welten der anderen –: Da flogen sie endlich gebrochen durch die Luft, in ungeheuren Bögen – kleinlich nachschnüffelnder Vormund, dummstolzer Bürgermeister, seit frühestem Gedächtnis unauslöschlich bestaunt, ahnungslose Oberlehrer, die an Schläfenhaaren zogen oder feig auf Finger schlugen oder die Armmuskeln kniffen, Gymnasiasten mit unaufhörlichem Gruß ohne sich zu ekeln die Kavalierstraße auf und ab, Jugendfreunde mit rasch väterlich entjungten Gesichtern, Mädchen rasch verlobt und beleibt – : Ein Brei von Schutt und Fleisch war die kleine Stadt. Nur zwischen Umrissen huschten noch entsetzte Gespenster. Da stiegen sie ab, die Walze versank unter Donner, sie schleuderten Flammen in die Trümmerstätte, die im Feuer ganz zerschmolz – der Wind schnitt hindurch – eine leere Ebene lag da.

O herrliche Leere! Dankend sank Franz in die Knie – Freiheit, Erleichterung, gewaltiger Platz war in seiner Seele! Aber nun neue Fülle komme! anderes Leben in den freien Raum seines Innern! (...)

Er sah auf – in eine blasse Lampe, die auf dem hell besonnten Tisch vor ihm mit schwachen Fäden brannte. Mit starrem Nacken blickte er aus den Winkeln der schmerzenden Augen seitwärts und sah sich am Rande des blauen Himmels sitzen, in dem der Tag schallte.

Es war Morgen. Er war erwacht.

Seine Arme lagen steinhart vor dem Buch auf der Tischkante – Aber mit allen Gelenken griff er danach, sprang jubelnd auf und warf es zum Fenster hinaus – – :

Liebe!

Über allen Zaubern: Liebe!

Die Kindheit ist zerstört – aber nun ist die Jugend! Durch den gelichteten Raum wälze sich nicht Gewalt weiter – Gefühl erblühe! Aber groß nun, frei für die Welt!

Alfred Wolfenstein: Über allen Zaubern, 1918 (Auszug).

23 Ludwig Meidner: Alfred Wolfenstein, 1919. Kaltnadel, 19,9 x 17,9 cm, Kunstsammlung Darmstadt

Alfred Wolfenstein
(1888/Halle an d. S. – 1945/Paris)
Studierte in Berlin und promovierte zum Dr. jur. Als freier Schriftsteller arbeitete er von 1916 – 22 in München und Berlin. Von den Nazis verfolgt, lebte er ruhelos auf der Flucht, in Prag, Südfrankreich und Paris, wo er sich in tiefer Depression das Leben nahm.
In seiner Erzählung „Über allen Zaubern", einer ins Traumhaft-Groteske gesteigerten Vision, beschreibt Wolfenstein seinen Ekel vor den bedrohlichen Mächten der Großstadt, die auch private Räume nicht mehr unangetastet lassen.

✔ Malen Sie zum Motiv „Die Traum-Dampfwalze durchpflügt die Stadt" ein großformatiges Bild, mit einer vom Text Wolfensteins inspirierten, expressiven Farb- und Formenwahl und einer spannungsreichen Komposition.

✔ Versuchen Sie, am Beispiel der in diesem Kapitel ausgewählten Gedichte, formale Stilmittel expressionistischer Lyrik nachzuweisen.

✔ Stellen Sie am Beispiel der „Großstadt-Lyrik" alle Metaphern, die in Analogie zur Malerei und zur Musik gesehen werden können, zusammen.

✔ Schreiben Sie aus Ihren eigenen Erfahrungen heraus zum Thema „Großstadt" ein Gedicht im expressionistischen Zeilenstil oder einen kurzen Prosatext.

Luigi Russolo
(1885/Portogruaro – 1947/ Cerro di Laveno)
Maler und Komponist, Erfinder der „intonarumori". Auf der Flucht vor dem Faschismus lebte er 1927–32 in Paris. Dort wurden während des zweiten Weltkriegs auch seine Instrumente zerstört, die heute kaum rekonstrierbar sind.

1 

24.1 Luigi Russolo: Erwachen einer Stadt, 1914
Nach der Reproduktion der ersten Partiturseiten in der Florentinischen Zeitschrift „Lacerba", 1.3.1914

Die verwendeten Geräuschtöner sind von oben nach unten:
Heuler, Dröhner, Knatterer, Krächzer, Berster, Summer, Gurgler, Zischer.

Die Stimme der Stadt

Man möchte das Herz der Großstadt an sein Ohr legen, wie man eine Muschel ans Ohr legt, um aus ihrem dumpfen Brausen die Märchen des Lebens und die singenden Abgründe seiner Meere zu erlauschen. Man möchte eine Harfe finden seltsamster Laute voll und fähig, den wilden Wirbel der Töne zu malen, der uns hinreißt, bestürzt, betäubt, überwältigt: die donnernden Hymnen der tausend Elektrischen, die Seiltänzerkunststücke der Schwebebahnen, das alte Postkutschenidyll, fortgesponnen in den Omnibussen, die grün- und rotäugige Raserei apokalyptisch dahinhetzender Kraftfahrzeuge, die dumpfen Katarakte der Droschken, die – o Wunder – der Wink eines einzigen Menschen staut, das inbrünstige Hinabstürzen der Stadtbahnen unter kühne Wölbungen, kühner als die Bögen geschwungener Kathedralen – man möchte die Klänge alles dessen zusammenbinden, das an unserem Leben mitläuft und -lebt, mitträumt und -treibt.

Arthur Silbergleit, 1911

Wie der Schriftsteller Silbergleit waren auch die Futuristen von der Geräuschkulisse der Großstadt fasziniert. In „L'arte dei rumori" (Die Kunst der Geräusche), einem 1913 erschienenen Manifest, mit dem **Luigi Russolo** den Bruitismus (Lärmkunst) begründete, revolutionierte das synästhetische Talent Russolo die bisherige Tonordnung, setzte Geräusche an die maßgebliche Stelle und erklärte die Komposition mit Geräuschabstufungen verschiedener Geräuschfamilien wie *Brummen-Donnern-Dröhnen, Pfeifen-Zischen-Pusten, Flüstern-Brummeln-Surren, Knistern-Knattern, Schlagen und Stöhnen-Heulen* zur Aufgabe der Zukunft.

Mit seinem Freund Ugo Piatti entwarf und baute Russolo 21 verschiedene Geräuschinstrumente, die „intonarumori". In bruitistischen Konzerten zur Aufführung gebrachte Kompositionen für die mechanisch und elektrisch betriebenen „Lärmtöner" erregten beträchtliches Aufsehen. Immerhin brachten sie Russolo die Anerkennung von Maurice Ravel, Strawinsky, Edgar Varèse und anderen ein.

Die Öffnung zur Welt der Arbeit und der Maschinen, die Verherrlichung dahinrasender Lokomotiven oder aufbrüllender, hungriger Automobile, schließlich die Liebe zur Gefahr, zu Mut, Kühnheit und Auflehnung mündeten in eine neue Ästhetik, zu deren Faszinationen auch die stählernen Instrumente des Krieges gehörten. Die Verbindungslinien, die vom italienischen Futurismo unmittelbar zum Faschismo laufen, sind offensichtlich. Russolo, 1917 schwer kriegsverwundet, hat sich davon allerdings frühzeitig distanziert.

In der Karikatur einer Futuristen-Veranstaltung (Bild 24.2) wird das Grenzüberschreiten zwischen den Künsten, die hier in Personifizierungen auf der Bühne agieren, besonders deutlich: Pratella als Dirigent, Marinetti als Schauspieler, Carrà als Maler und Russolo als Tausendsassa inmitten eines chaotischen Menschengewimmels. Dazu dröhnt es in einem fiktiven Orchestergraben ringsum, als wolle ein sinfonisches Straßenorchester die Widersprüchlichkeit des Augenblicks zum großen Opernfinale erheben.

Die Mischung von Varieté, Konzert, Dichterlesung, Vernissage und Manifest sollte das Publikum provozieren, indem alle gewohnten Kunstkriterien durchbrochen wurden. Die Gleichzeitigkeit der „Kunst"-Handlungen liefern ein treffendes Beispiel für die im Manifest der futuristischen Malerei erhobenen Forderungen nach „simultaneità".

1

✔ Hören und kommentieren Sie das Stück „Risveglio di una città" (Erwachen einer Stadt), ausgeführt vom „Orchestra di intonarumori di Luigi Russolo". Worauf beruht das „Schockprinzip" für die Zuhörer?

✔ Gestalten Sie mit selbst er- und gefundenen Instrumenten eine „Sinfonie der Großstadt".

2 

24.2 Umberto Boccioni: Karikatur einer Futuristen-Veranstaltung in Mailand im Jahr 1911

Belá Bartók: Vorspiel zur Pantomime „Der Wunderbare Mandarin", op. 19, 1919

Kernaussage des Tanztheaterstücks ist die alle Hindernisse überwindende Liebe. Mann und Frau finden erst durch den Kampf gegen einen allgegenwärtigen Feind zueinander.
Dieser Feind ist die moderne bürgerliche Großstadtgesellschaft, deren verderbende Kraft die ursprüngliche, natürliche Lebenskraft zersetzt. Vor dem Hintergrund des Ersten Weltkriegs und der gescheiterten Revolution in Ungarn formt Bartók 1919 ein *„Hohelied über den Tod und das Verbrechen"* zum *„Totentanz als hochmoralische Antwort auf die Unmoral und Menschenunwürdigkeit der Zeit"* (von Wangenheim, 1985).
In der Vorplanung zu seinem Werk äußerte sich der Komponist in einem Brief an seine Frau:
„Ich denke jedoch bereits über den Mandarin nach, wenn es gelingt, wird es eine höllische Musik werden. Der Anfang – ganz kurze Einleitung, bevor der Vorhang aufgeht – schrecklicher Krawall, Gerassel, Geklirre, Getute: aus dem Straßenlärm einer Großstadt führe ich den geschätzten Zuhörer in ein Apachenlager".
Damit lässt Bartók seine Absicht erkennen die Tanzpantomime sogleich mit einem Schock für die Zuhörer beginnen zu lassen. Von Anfang an prallen dissonante Akkorde aufeinander, fegen asymmetrische Rhythmen und zerfetzte melodische Motive ohne jede funktionale Bindung vorüber. Mit Erklingen der ersten Takte wird der Zuhörer in den Strudel der Ostinato-Bewegungen hineingezogen. Zusammen mit den schrillen Skalenläufen der Violinen, dem hämmernden 6/8-Motiv der Bläser, den synkopischen Autohupen der Posaunen und blockartigen Klavierklängen entfaltet sich in kurzer Zeit ein oszillierend intensives, glühend expressionistisches Klangbild des Molochs Großstadt, eine schonungslose Entlarvung von Grausamkeit und Unmoral. Dem Märchenzauber und der illusionistischen Schönheit älterer Bühnenwerke hat Bartók damit einen Gegenpol entgegengesetzt. Die Stilparallelen zu Strawinskys „Sacre" (vgl. Seite 34 f.) sind unverkennbar. Wie Strawinskys Epoche machendes Ballettwerk wurde auch Bartóks „Mandarin" bei der Uraufführung am 27.11.1926 in Köln von einem handfesten Skandal überschattet.

Jazz und Avantgarde

Aus Amerika kam die Musik, die in enger Verbindung von tänzerisch-sinnlicher und von maschineller Motorik die Vitalität der modernen Großstadt repräsentieren konnte: Der Jazz versetzte Europa, vor allem nach dem Ersten Wertkrieg in einen wahren Begeisterungstaumel. Die Komponisten des alten Kontinents bauten den exotischen Stil in ihre Werke ein: Claude Debussy unter anderem in „Children's Corner" „Golliwogg's cake walk" (1908), Igor Strawinsky nach „Sacre du Printemps" (1913) in „Die Geschichte des Soldaten" (1918) und in „Ragtime für 11 Instrumente" (1918).
Ein besonders ausgeprägtes Beispiel, wie der Jazz als Mittel eingesetzt wurde um im Sinne des Expressionismus das Neue gegen das Alte zu setzen, ist der Schlusssatz „Ragtime" aus der Klaviersuite „1922" op. 26 von **Paul Hindemith**, dem er folgende Spielanweisung voranstellt: *Nimm keine Rücksichten auf das, was du in der Klavierstunde gelernt hast. Überlege nicht lange, ob du Dis mit dem vierten oder sechsten Finger anschlagen musst. Spiele dieses Stück sehr wild, aber sehr stramm im Rhythmus, wie eine Maschine. Betrachte hier das Klavier als eine interessante Art Schlagzeug und handle dementsprechend.*

Paul Hindemith
(1895/Hanau – 1963/ Frankfurt a. Main)
Einer der bedeutendsten Vertreter des musikalischen Expressionismus in Deutschland. Ab 1933 geriet er zunehmend in Bedrängnis, da seine Musik als „entartet" galt. Emigration in die Schweiz, von dort Reisen in die USA. Ab 1951 Professur für Musikwissenschaft in Zürich.
Hindemiths Werk ist außerordentlich vielseitig und umfasst fast alle Gattungen.

Ragtime (engl. = zerrissene Schlagzeit), bezeichnet seit 1895 einen vitalen Klavierstil, der, seit 1870 in den USA zur Unterhaltung in Kneipen, Tanzhallen und Bordellen praktiziert, die Übertragung einer unter den Schwarzen und Weißen der USA verbreiteten Banjo-Spielweise auf das Klavier mit der Tradition europäischer Salon- und Tanzmusik (Marsch, Polka, Quadrille) verbindet. Um die Jahrhundertwende erreicht der virtuose Pianoragtime seinen Höhepunkt (Scott Joplin, James Scott, Joseph Lamb), ist in der Regel auskomponiert im Gegensatz zum improvisierten New-Orleans-Jazz, dem er wesentliche Anregungen gibt. Stilistische Hauptmerkmale sind zwei rhythmische Phänomene, die auf die musikalische Negerfolklore der USA zurückgehen: der in der linken Hand durchlaufende 2/4-Takt-Beat und der Off-beat der melodischen Achtelsynkopierungen in der rechten Hand. Authentische Aufnahmen aus dieser Zeit auf Walzen für mechanisches Klavier sorgten für weite Verbreitung.

2 und 3

Paul Hindemith: Ragtime, Klaviersuite 1922, op. 26, 1922.

1

Auch die „Brücke"-Künstler, die 1905 in Dresden erstmals Bilder van Goghs sahen, bekannten sich zu dessen Einfluss auf eigene Bildgestaltungen, zu seiner spannungsreichen, suggestiven Farbgebung, zu der Leidenschaftlichkeit, Gefühlstiefe und Menschenliebe, fanden jedoch, jeder für sich, zu ganz eigenen Bildgestaltungen.

Max Pechstein malte mit seinen Freunden in den Sommermonaten 1909–1911 an den Moritzburger Seen bei Dresden. In seinen „Erinnerungen" schrieb er: *„Wir lebten in absoluter Harmonie, arbeiteten und badeten. Fehlte als Gegenpol ein männliches Modell, so sprang einer von uns dreien* (er, Kirchner oder Heckel) *in die Bresche."* Sein Bild mit dem programmatischen Titel „Freilicht" (Bild 26.2) zeigt sechs Akte in ungezwungener Natürlichkeit, befreit von gesellschaftlichen Zwängen.

26.1 Maurice de Vlaminck: Die Brücke von Chatou, 1906.
Öl/Leinwand, 50 x 73 cm, Musée National d'Art Moderne, Centre Pompidou, Paris

26.2 Max Pechstein: Freilicht, 1910.
Öl/Leinwand, 70 x 80 cm Wilhelm-Lehmbruck-Museum Duisburg

26.3 Erich Heckel: Landschaft auf Alsen, 1913. Holzschnitt

Unter dem Eindruck einer Retrospektive der Bilder Vincent van Goghs in Paris (1901) sagte Maurice de Vlaminck zu Henri Matisse: *„Ich liebe van Gogh mehr als meinen Vater".* Dieses Bekenntnis wirft einen bezeichnenden Blick auf die Vorbildfunktion van Goghs für die Maler des Fauvismus.

Meine Leidenschaft drängte mich zu allen gewagten Kühnheiten gegen das Herkömmliche in der Malerei. Ich wollte die ungebundene Natur zeigen, sie befreien von den alten Theorien und vom Klassizismus. Ich steckte mir kein anderes Ziel als dies: mithilfe neuer Mittel die tieferen Beziehungen auszudrücken, die mich mit der alten Erde verbanden.
Maurice de Vlaminck

3

Erich Heckels Holzschnitt „Landschaft auf Alsen" (Bild 26.3) weist jenen für die „Brücke"-Kunst typisch kantig-splittrigen, kontrastreichen und auf Schwarz und Weiß reduzierten Stil auf, der von großem Einfluss auf die Malerei der befreundeten Künstler war.

Die Landschaftsbilder **Karl Schmidt-Rottluffs** leben ganz aus der Farbe. In seinem Bild „Deichdurchbruch" (Bild 27.1), das einen entscheidenden „Durchbruch" im Werk des Künstlers zu einem dynamischen Flächenstil und zu seiner künstlerischen Autonomie darstellt, steht das leuchtende Karminrot der Erde in starkem Kontrast zum Ultramarinblau des Himmels. Schmidt-Rottluff sagte einmal: *„Ich habe die unerklärliche Sehnsucht das zu fassen, was ich sehe und fühle, und dafür den reinsten Ausdruck zu finden."*

Gabriele Münter, dem „Blauen Reiter" verbunden, malte viele ihrer Bilder im oberbayrischen Murnau, wo sie zusammen mit Kandinsky im „Russenhaus" lebte. Bild 27.2 zeigt das Malerpaar Alexeji Jawlensky und Marianne von Werefkin, in einer mit vitalem Pinselduktus realisierten Malweise.

2

1

2

Maurice de Vlaminck (1876–1958) war der „wildeste“ Maler unter den Fauves. Seine Landschaftsbilder gestaltete er mit reinen, leuchtenden Farben, die er direkt aus der Tube auf die Leinwand drückte und sie unvermischt mit heftigem Pinselduktus, teilweise mit den Fingern, verteilte.

Erich Heckel (1883–1970) wurde nach abgebrochenem Architekturstudium in Dresden der Organisator der „Brücke“. Ab 1910 änderte sich sein Malstil zu einer holzschnitthaften Reduktion der Bildgegenstände.

Max Pechstein (1881–1955) studierte von 1902 bis 1906 an der Kunstakademie Dresden. Seine Bilder der „Brücke“-Zeit sind dekorativer und weniger durch Deformation gekennzeichnet als die seiner Malerfreunde. Begeistert von der Kunst der Naturvölker reiste er 1914 nach Palau in die Südsee.

Karl Schmidt-Rottluff (1881–1976) studierte in Dresden Architektur.
Ab 1910 vereinfachte er unter dem Einfluss der Malerei der Fauves seine Bildgegenstände und verlieh ihnen mit reinen, leuchtenden Farben große Intensität.

Gabriele Münter (1884 – 1976). Seit 1902 Schülerin und bis 1916 Lebensgefährtin Kandinskys, gehörte von Anfang an zum „Blauen Reiter“. Beeinflusst von der bäuerlichen Hinterglasmalerei schuf sie, vorwiegend in Murnau, Landschaftsbilder mit einfachen, starkfarbigen Formen.

27.1 Karl Schmidt-Rottluff: Deichdurchbruch, 1910. Öl/Leinwand, 76 x 84 cm, Brücke-Museum Berlin

27.2 Gabriele Münter: Jawlensky und Werefkin, 1909. Öl/Pappe, 32,7 x 44,5 cm, Lenbachhaus München

1

28.1 Edvard Munch: Der Schrei, 1893. Öl/Pappe, 83,5 x 66 cm, Munch Museet, Oslo

In diesem berühmten Gemälde **Edvard Munchs** (1863–1944) kündigt sich die Problematik der künstlerischen Avantgarde des frühen 20. Jahrhunderts fanalartig an. Auf die Rückseite einer Grafik mit demselben Titel „Der Schrei“ schrieb Edvard Munch: *Ich ging mit zwei Freunden. Es sank die Sonne. Rot wie Blut war der Himmel, Wehmut befiel mich. Ich stand still, krank und müde bis zum Tod. Über dem dunklen Fjord und der Stadt lag Blut und züngelndes Feuer. Meine Freunde gingen weiter. Ich aber blieb zurück, bebend und bangend. Mir war, als ging gellend ein Schrei durch die Natur.*

28.2 Oskar Kokoschka: Dolomitenlandschaft (Tre Croci), 1913. Öl/Leinwand, 82 x 119 cm Privatbesitz

2

Die Naturlyrik des Expressionismus ist ambivalent: Auf der einen Seite gibt es Gedichte der zarten Töne einer Landschaftsbeschreibung und der Sehnsucht nach dem erfüllten Augenblick, aber in einer Mehrzahl von Gedichten wird die Natur verfremdet, zu einem Ort der Schwermut, des Grauens, des Verfalls und der Verlorenheit.

Träumerei in Hellblau

Alle Landschaften haben
Sich mit Blau erfüllt.
Alle Büsche und Bäume des Stromes,
Der weit in den Norden schwillt.

Blaue Länder der Wolken,
Weiße Segel dicht,
Die Gestade des Himmels in Fernen
Zergehen in Wind und Licht.

Wenn die Abende sinken
Und wir schlafen ein,
Gehen die Träume, die schönen,
Mit leichten Füßen herein.

Cymbeln lassen sie klingen
In den Händen licht.
Manche flüstern und halten
Kerzen vor ihr Gesicht.

Georg Heym, 1912

Sommer

Mein Herz steht bis zum Hals in gelbem Erntelicht
wie unter Sommerhimmeln schnittbereites Land.
Bald läutet durch die Ebenen Sichelsang:
mein Blut lauscht tief mit Glück gesättigt
in den Mittagsbrand.
Kornkammern meines Lebens, lang verödet,
alle eure Tore sollen nun wie Schleusenflügel
offen stehn,
Über euren Grund wird wie Meer
die goldne Flut der Garben gehn.

Ernst Stadler, 1913

Weil die Großstadt als Stätte der Einsamkeit, Lieblosigkeit, ... gedeutet wird, könnte man vermuten, dass von den Expressionisten die noch nicht zersiedelte Natur, die Landschaft, zum Fluchtort oder zur bergenden Heimat würde. Jedoch weit gefehlt. Die Metaphorisierung seelischer Zustände, wie sie bei den Stadtgedichten zu beobachten war, ist in der Naturlyrik ... ebenfalls nachweisbar.

Große, 1996

Printemps

Ein Feldweg, der in weißen Bäumen träumt,
In Kirschenblüten, zieht fern über Feld.
Die hellen Zweige, feierlich erhellt
Zittern im Abend, wo die Wolke säumt,

Ein düstrer Berg, den Tag mit goldnem Grat,
Ganz hinten, wo ein kleiner Kirchturm blinkt.
Des Glöckchen sanft im lichten Winde klingt
Herüber goldnen Tons auf grüner Saat.

Ein Ackerer geht groß am Himmelsrand.
Davor, wie Riesen schwarz, der Stiere Paar,
Ein Dämon vor des Himmels tiefer Glut

Und eine Mühle fasst der Sonne Haar
Und wirbelt ihren Kopf von Hand zu Hand
Auf schwarze Au, der langsam sinkt, voll Blut.

Georg Heym, 1912

Vorfrühling

Pralle Wolken jagen sich in Pfützen
Aus frischen Leibesbrüchen schreien Halme Ströme
Die Schatten stehn erschöpft.
Auf kreischt die Luft
Im Kreisen, weht und heult und wälzt sich
Und Risse schlitzen jählings sich
Und narben
Am grauen Leib.
Das Schweigen tappet schwer herab
Und lastet!
Da rollt das Licht sich auf
Jäh gelb und springt
Und Flecken spritzen –
Verbleicht
Und
Pralle Wolken tummeln sich in Pfützen.

August Stramm, 1914/15

Landschaft

Wie alte Knochen liegen in dem Topf
Des Mittags die verfluchten Straßen da.
Schon lange ist es her, dass ich dich sah.
Ein Junge zupft ein Mädchen an dem Zopf.

Und ein paar Hunde sielen sich im Dreck.
Ich ginge gerne Arm in Arm mit dir.
Der Himmel ist ein graues Packpapier,
Auf dem die Sonne klebt – ein Butterfleck.

Alfred Lichtenstein, 1913

29 Otto Dix: Sonnenaufgang, 1913.
Öl/Pappe, 51 x 66 cm, Privatbesitz

✔ Wählen Sie eines der Gedichte auf dieser Doppelseite aus. Welches Bild einer Landschaft wird dort entworfen? Schreiben Sie schnell ohne zu überlegen Assoziationsketten zu Ihrem gewählten Gedicht. Vergleichen und diskutieren Sie die Ergebnisse.

✔ Vergleichen Sie die bildhaften mit den literarischen Naturdarstellungen des deutschen Vorkriegs-Expressionismus! Worin bestehen Unterschiede in der Naturauffassung?

✔ Malen oder zeichnen Sie als Illustration eines der Gedichte ein expressives Landschaftsbild.

De profundis

Es ist ein Stoppelfeld, in das ein schwarzer Regen fällt.
Es ist ein brauner Baum, der einsam dasteht.
Es ist ein Zischelwind, der leere Hütten umkreist.
Wie traurig dieser Abend.

Am Weiler vorbei
Sammelt die sanfte Waise noch spärliche Ähren ein.
Ihre Augen weiden rund und goldig in der Dämmerung
Und ihr Schoß harrt des himmlischen Bräutigams.

Bei der Heimkehr
Fanden die Hirten den süßen Leib
Verwest im Dornenbusch.

Ein Schatten bin ich ferne finsteren Dörfern.
Gottes Schweigen
Trank ich aus dem Brunnen des Hains.

Auf meine Stirne tritt kaltes Metall
Spinnen suchen mein Herz.
Es ist ein Licht, das in meinem Mund erlöscht.

Nachts fand ich mich auf einer Heide,
Starrend von Unrat und Staub der Sterne.
Im Haselgebüsch
Klangen wieder kristallne Engel.

Georg Trakl, 1913

Herbstgefühl

Der große, abendrote Sonnenball
Rutscht in den Sumpf, des Stromes schwarzer Eiter,
Den Nebel leckt. Schon fließt die Schwäre breiter,
Und trübe Wasser schwimmen in das Tal.

Ins finstre Laub der Eichen sinken Vögel,
Aasvögel mit den Scharlachflügeldecken,
Die ihre Fänge durch die Kronen strecken.
Und Schreien, Geierpfiff, fällt von der Höhe.

Ach, alle Wolken brocken Dämmerung!
Man kann den Schrei des kranken Sees hören
Unter der Vögel Schlag und gelbem Sprung

Wie Schuss, wie Hussa in den schwarzen Föhren
Ist alle Farbe! Von dem Fiebertrunk
Glänzen die Augen, die dem Tod gehören.

Paul Boldt, 1912

Der Winter

Von einer Brücke schreit vergrämt ein Hund
Zum Himmel ... der wie alter grauer Stein
Auf fernen Häusern steht. Und wie ein Tau
Aus Teer liegt auf dem Schnee ein toter Fluß.

Drei Bäume, schwarz gefrorne Flammen, drohn
Am Ende aller Erde. Stechen scharf
Mit spitzen Messern in die harte Luft,
In der ein Vogelfetzen einsam hängt.

Ein paar Laternen waten zu der Stadt,
Erloschne Leichenkerzen. Und ein Fleck
Aus Menschen schrumpft zusammen und ist bald
Ertrunken in dem schmählich weißen Sumpf.

Alfred Lichtenstein, 1912

Georg Trakl (1887/Salzburg – 1914/Krakau)
Trakl musste die Schule wegen ungenügender Leistungen bereits nach der siebten Gymnasialklasse verlassen. Er absolvierte von 1905–08 in Salzburg eine Apothekerlehre, der sich in Wien ein Pharmaziestudium anschloss.
Schon während der Studienzeit verfiel er in zunehmende Abhängigkeit von Alkohol und Drogen.
Als Sanitäter erlebte er die Schlacht von Grodek und verübte anschließend einen Selbstmordversuch. Zur Beobachtung seines Geisteszustandes wurde er nach Krakau gebracht, wo er im November 1914 an einer Überdosis Kokain starb.
Trakl fühlte sich zeit seines Lebens von Schwermut, Einsamkeit und Selbstanklage erdrückt. Wo immer er in seinen Gedichten eine heile Welt zu beschwören versucht, ist sie ein verlorenes, vom Verfall gezeichnetes Paradies.

Henri Matisse
(1869/Le Cateau-Cambrésis bis 1954/Nizza)
Matisse ist einer der Hauptmeister der französischen Kunst der ersten Hälfte des 20. Jahrhunderts, 1905 Mitbegründer des „Fauvismus". Beeinflusst durch Signacs Farbtupftechnik, entwickelte er in seiner fauvistischen Phase flächenbetonende Bilder von leuchtender Farbigkeit. Mit seinen großen Bildern „Der Tanz", 1909 und 1910 kündigt sich eine formvereinfachende und zunehmend abstrahierende „dekorative Phase" an. 1913 reiste er nach Marokko, wo ihn das warme Licht und die Vitalität Afrikas begeisterten und seine Bilder nachhaltig beeinflussten. 1918 zog er von Paris nach Nizza, wo u.a. seine „papiers découpés", die Scherenschnitt-Collagen aus farbigen Papieren entstanden. Die Zielsetzungen seines künstlerischen Schaffens waren Harmonie und Reinheit der malerischen und künstlerischen Mittel.

Die Darstellung des Tanzes, das Festhalten einer schon im Entstehen vergehenden Bewegung, ist für die Künstler der Avantgarde eine große Herausforderung, der sie mit unterschiedlichen bildnerischen Mitteln begegnen. Dabei interessieren sie sich nicht nur für Varieté und exotische Tänze, sondern auch für die neuen Tendenzen im Kunsttanz. Dient das Tanzmotiv Matisse und Sonja Delaunay der Betonung des Bildrhythmus, wird es bei Kirchner und Nolde Ausdruck eines wilden entfesselten Lebensgefühls. Die Futuristen analysieren eher die einzelnen Bewegungsphasen der Tanzenden.

Adelsbach, 1997

Der Kunsttanz bricht, in der Folge einer tief greifenden Reformbewegung, die gegen Ende des 19. Jahrhunderts alle Bereiche des kulturellen Lebens erfasst hatte, aus den erstarrten Strukturen des klassischen Balletts aus. Es waren vor allem die wegweisenden und damals weltweit berühmten Tänzerinnen Loïe Fuller und Isadora Duncan, die mit ihren Serpentinentänzen, als Ausdruck eines freien Körperbewusstseins und einer neuen Natürlichkeit, barfuß tanzend und von farbigen Gewändern und Stoffbahnen umweht, beim europäischen Publikum eine wahre Tanzbegeisterung auslösten. Der Tanz wurde zu einer eigenständigen Kunstform, zum *„Symbol der Moderne und zum Schlüsselmedium aller Künste, die das neue, technische Zeitalter als eine durch Bewegung definierte Epoche zu reflektieren suchte."*

Brandstetter, 1995

Vor allem **Henri Matisse** setzte sich ein Leben lang mit dem Thema Tanz auseinander. In seinem Schlüsselwerk „Der Tanz" (Bild 30) wird die Tanzdarstellung erstmals aus traditionellem Kontext gelöst (man denke vergleichsweise z. B. an die Tanzbilder von Edgar Degas), eine Darstellung ohne die Beschreibung eines realen Ortes.

Die ganze Anordnung meiner Bilder ist Ausdruck, welchen Raum die Körper einnehmen, der freie Raum, der sie umgibt, die Proportionen, alles hat daran seinen Anteil.

Matisse, Notizen eines Malers

Anschließend an die 1909 entstandene erste Fassung des Motivs „Der Tanz" (Metropolitan Museum of Modern Art, New York) fertigte Matisse 1910 eine zweite für das Treppenhaus des Moskauer Palastes von Schtschukin (Bild 30). In diesem Bild setzte Matisse die von den Zwängen der Lokalfarbigkeit befreite Ausdrucksfarbe in dekorativer Flächenverspannung kühn ins Bild. Matisse erläuterte die magische Wirkung der nahezu gewaltsam gegeneinander gesetzten Farben des intensiven Rot der Tänzerinnen zum blauen und grünen Grund dieses monumentalen, rhythmisch strukturierten Bildes als „Umkehrung der Gleichgewichtsbeziehungen". *„Der Moskauer Tanz"*, so Matisse, *„ist unmittelbar aus der Einheit des Rhythmus entstanden"*, eines musikalischen Rhythmus, den Matisse später, im Sinne einer Farandole (schneller Paartanz aus der Provence) oder gar eines Höllentanzes, als „dämonisch" bezeichnete.
Eine Verbindung zur zeitgleichen Musik ergibt sich aus der Tatsache, dass sich Matisse seine Bilder „Tanz I und II" ursprünglich als Anrufung der „Vorboten des Frühlings" vorgestellt hatte und er damit – wie Igor Strawinsky in seiner Ballettmusik „Sacre du Printemps" (vgl. Seite 34f.) – ebenfalls den Tanz mit den „Vorboten des Frühlings" in Beziehung gesetzt hat.

✔ Vergleichen und analysieren Sie die beiden Tanzdarstellungen von Henri Matisse und Emil Nolde.

30 Henri Matisse: Der Tanz (II), 1910. Öl/Leinw., 260 x 391 cm, Eremitage, St. Petersburg

1

Die Künstlergemeinschaft „**Die Brücke**" sah im Tanz, im Sinne der Forderungen ihres viel zitierten Programms von 1906 nach „Unmittelbarkeit und Unverfälschtheit" als Voraussetzungen künstlerischen „Schaffensdranges" vor allem den Ausdruck eines gesteigerten Lebensgefühls.
Kirchner, Heckel, Bleyl, Pechstein, Nolde, ausgenommen Schmidt-Rottluff und Müller, begeisterten sich, entsprechend ihres unkonventionellen Lebensstiles, weniger für das klassische Ballett, sondern für die freien Formen des Tanzes, aus dem Milieu des Varietés, der Nachtcafés und der Kabarette. Ganz besonders ausgeprägt ist diese Tanzbegeisterung bei Kirchner und Nolde, die sich ein Leben lang mit Tanzdarstellungen auseinander setzten. Beide Künstler waren mit der aus Hannover stammenden Tänzerin Mary Wigman befreundet, deren Tanz als Ideal expressionistischen Ausdruckswillens gesehen wurde.

1910 malte **Emil Nolde** eines seiner farbintensivsten expressionistischen Bilder, den „Tanz um das Goldene Kalb" (Bild 31.1).

Diese Darstellung ist weniger eine Illustration des alttestamentarischen Textes als vielmehr Ausdruck expressiv-dionysischer Gefühle. Zugrunde liegen mythische Vorstellungen einer uralten Kulthandlung und vitalster Selbstentäußerung im Tanz. Der die Tänzerinnen umgebende Raum wird zu einer Art „Vibrationsraum", der ganz dem ungezügelten Bewegungsablauf unterworfen ist.
„An dem Tanz als Kunstäußerung oder auch als Bewegung, als Leben, hatte ich immer meine Freude", schreibt Nolde im zweiten Band seiner Lebenserinnerungen und: *„ihre* (Mary Wigmans) *Freundschaft zu uns war gesteigert, wenn auf der Bühne sie tanzte und ich in Spannung mit meinen Farben sie malte (...) Es gaben die Tänzerinnen Anregungen zu meinen Bildern und diese wohl auch einiges den Tänzerinnen wieder."*
Die Tänzerin Mary Wigman selbst bestätigte, dass ihr Tanz wesentlich durch die Malerei der Expressionisten beeinflusst war. Noldes „Tanz um das Goldene Kalb" vermittelt so auch einen lebendigen Eindruck von der extatischen Körpersprache Mary Wigmans.

31.1 Emil Nolde: Der Tanz um das Goldene Kalb, 1910. Öl/Leinwand, 88 x 105,5 cm, Staatsgalerie Moderne Kunst, München

31.2 Charlotte Rudolph: Mary Wigman in „Schicksalslied", Fotografie

2

32 August Macke:
Pierrot mit Tänzerpaar,
1913.
Öl/Leinw., 102 x 72,5 cm,
Privatbesitz

Wesentlich für die Tanzdarstellungen der expressionistischen Maler waren auch die Einflüsse durch das berühmte Russische Ballett, das Sergej Diaghilew 1909 gegründet hatte. Die größten Erfolge erfuhr dieses Ballett in Paris durch die Choreografien von Michael Fokine, Georges Balanchines und die Bühnenbilder der Malerin Nathalia Gontscharowa. Dieses Ballett inspirierte zahlreiche bildende Künstler zu Tanzdarstellungen, so z. B. Auguste Rodin, Georg Kolbe, Jean Cocteau, Henri Matisse und die Fauves, Marc Chagall, Max Pechstein, Oskar Kokoschka und August Macke.

Während eines Gastspiels im Oktober 1912 sah **August Macke** in Köln das Russische Ballett Diaghilews. Er skizzierte während der Aufführung und malte 1913 das Bild „Pierrot mit Tänzerpaar" (Bild 32). Es hält die entscheidende Szene des Stückes fest: Harlekin und Kolumbine tanzen davon, während der Pierrot alleine zurückbleibt. Macke malte sein Bild in den für ihn typischen leuchtenden, heiteren Farbklängen als Ausdruck einer gesteigerten Lebensfreude durch den Tanz.

Gino Severini (1883 – 1966), italienischer Maler und Theoretiker des Futurismus. In seinen Bildern versuchte er das Prinzip des Dynamismus mit kubistischer Bildsprache zu verbinden.

Was München um 1900 für den Tanz der Jahrhundertwende bedeutete, war Berlin (Tanzlokale, Maskenbälle, alle Arten neuer Tänze) in der Zeit von 1910 – 20 für den modernen Tanz. Im Unterschied zu München, wo der Tanz durch dekorative Elemente bestimmt war, setzte sich in Berlin der durch Mary Wigman geprägte moderne, deutsche Ausdruckstanz, der die Idee der Befreiung des Menschen durch den Tanz vertrat, durch.
Die ungewöhnliche Tanzbegeisterung im ersten Viertel unseres Jahrhunderts entstand aus einem neuen, dynamischen, großstädtischen Lebensgefühl, beeinflusst auch durch den modernen Jazz der Schwarzen, der z. B. durch „One and twostep" oder den „Cake-Walk" Begeisterung auslöste.
Die Attraktivität des Exotischen und „Primitiven" (vgl. Seite 38f.) als Ausdruck unbändiger Vitalität fand seinen künstlerischen Ausdruck auch in plastischen Gestaltungen der Expressionisten. Tanzkunst und Plastik verbinden gemeinsame künstlerische Zielsetzungen: Die Darstellung von Körperbewegung und Raum.
Die streng komponierte, rhythmisch-dynamische Bewegungskomposition „Blaue Tänzerin" (Bild 33.1) des ukrainischen Bildhauers **Alexander Archipenko** (1884 –1964), der für die moderne Plastik diesselbe Bedeutung wie Picasso für die Malerei beanspruchen kann, gilt als eine der bedeutendsten Tanzdarstellungen der frühen Moderne.

Die Vorstellungen der italienischen Futuristen von einem „universellen Dynamismus" waren nicht nur ästhetisches Programm, sondern ein Lebensprinzip auf der Grundlage veränderter Wirklichkeitserfahrungen. Im Unterschied zu den deutschen Expressionisten definierten die Futuristen in ihren Manifesten und theoretischen Schriften die bildnerischen Mittel, die ihrer dynamischen Empfindung entsprachen: die simultane Darstellung verschiedener Bewegungsabläufe, unschöne, primitive, „barbarismo" genannte, ruckweise Bewegungsrhythmen ohne organischen Fluss (vgl. Seite 45), eine Durchdringung von Körper und Raum und die Entwicklung von Kraftlinien. Beeindruckt von den Tänzen der Loïe Fuller gestalteten sie auch eigene Ballett-Entwürfe.

In **Gino Severinis** Bild „Blaue Tänzerin" (Bild 33.2) sprengt die dynamische Kraft der Tänzerin das Bildzentrum. Der Betrachter wird zunächst Teile des Gesichts und das blaue Tanzkleid erkennen. Die Arme sind, schwieriger verifizierbar, in verschiedenen Phasen der Tanzhaltungen simultan wiedergegeben. Figur und Grund durchdringen sich und verleihen dem Bild dadurch einen hohen Abstraktionsgrad.
Simultaneität wurde auch zur Zauberformel für eine dem Kubismus und Futurismus nahe stehende Gruppe von Dichtern, Malern und Tänzern um das Ehepaar Robert und Sonia Delaunay, den „Orphisten", denen der Schriftsteller Guillaume Apollinaire den Namen verlieh.

1

2

3

Das Faszinierende und Revolutionäre an dem Bild **Sonia Delaunays** „Tango-Magic-City" (Bild 33.3) liegt in der Art und Weise, wie sie ihren „Tanz der Farben" mit abstrakten Formen, Licht, Farbe und Bewegung gestaltet. Die Farbformen sind in ein weißes Umfeld eingebettet, deren Umrisse auf der linken Seite halbkreisförmig geschlossen sind, während sie sich nach oben und nach rechts in lockerer Malweise auflösen. Die Malerin erreicht in diesem Bild in der „geheimnisvollen Sprache der Farbe" eine adäquate und nachvollziehbare Entsprechung ihrer Tanzerlebnisse in dem Pariser Tanzlokal „Magic-City".

... die wirklich neue Malerei wird erst dann beginnen, wenn die Menschen verstehen, dass die Farbe ein unabhängiges Leben für sich hat, dass die unendlichen Farbkombinationen eine viel ausdrucksstärkere Poesie und Sprache haben als die althergebrachten Methoden. Es ist eine geheimnisvolle Sprache, in Harmonie mit Schwingungen, ja dem Leben der Farbe. Auf diesem Gebiet liegen neue und unendliche Möglichkeiten.

Sonia Delaunay, 1949

Sonia Delaunay (1885–1979) studierte in Karlsruhe Design. Nach der Heirat mit Robert Delaunay 1910 beschäftigte sie sich verstärkt mit Textilgestaltung wie den „simultanistischen" Kleidern. Später entwarf sie Bühnendekorationen und Kostüme für Diaghilews „Ballets Russes".

33.1. Alexander Archipenko: Blaue Tänzerin, 1913. Bronze mit grüner Patina, H: 101,5 cm, Smlg. Vivian und David Campbell, Toronto/Kanada

33.2. Gino Severini: Blaue Tänzerin, 1912. Öl/Leinwand, 61 x 46 cm, Smlg. Mattioli, Mailand

33.3. Sonja Delaunay: Tango-Magic-City, 1913. Öl/Leinw., 55,4 x 46 cm, Kunsthalle Bielefeld

Strawinsky, um 1920

Igor Strawinsky
(1882/Oranienbaum b. St. Petersburg – 1971/Beverly Hills)
Strawinsky entstammte einer polnisch-russischen Aristokratenfamilie. Nach Abschluss des Jurastudiums im Jahr 1905 machte Strawinsky Bekanntschaft mit dem Ballettreformer Sergej Diaghilew und wurde von ihm – obwohl als Komponist weit gehend Autodidakt – mit der Musik für die großen Ballettneuschöpfungen für Paris beauftragt.
Nach Ausbruch des ersten Weltkriegs von der Heimat abgeschnitten, machte ihm die Russische Revolution die Rückkehr in die Sowjetunion unmöglich. Er übersiedelte nach Paris.
Vom Ausbruch des zweiten Weltkriegs auf einer Reise in die USA überrascht, wählte er ab 1939 Beverly Hills in Kalifornien zur neuen Heimat. Weltweit als einer der bedeutendsten Komponisten des 20. Jahrhunderts anerkannt, starb er dort 1971 und wurde in Venedig beigesetzt.

Mit dem Vergangenen brechend und revolutionär, teilweise ungestüm und befremdend, betrat der Russe Igor Strawinsky nach 1910 in Paris die Bühne der expressionistischen Musik. Er setzte dabei ganz andere Akzente als Arnold Schönberg und sein Kreis. Strawinskys Hauptansatz betraf den Rhythmus, den er in permanenten Brüchen, Gegenbetonungen und Überlagerungen zu einer vielgestaltigen Poly-Rhythmik entwickelte und damit einen urtümlichen Gegenpol zum raffiniert verschleierten Rhythmus des Impressionismus schuf.
Strawinsky schöpfte aus der musikalisch-folkloristischen Tradition seines Landes und hielt – wenn auch modifiziert – am tonalen System in Melodik und Harmonik fest.

Äußerliches Zeichen dieses revolutionären Aufbruchs wurde das Spektakel um die Uraufführung seines Hauptwerks dieser Phase, des Balletts „Sacre du Printemps" (Das Frühlingsopfer) 1913 in Paris. Die Aufführung entfachte einen wahren Skandal, den größten in der Geschichte der Musik bis zu diesem Ereignis.
Dies war umso erstaunlicher, als in Frankreich und insbesondere in Paris Russland und seiner Kultur eine breite Welle der Sympathie entgegenschlug und das seit Jahren in Paris weilende Russische Ballett Triumph auf Triumph feierte – auch mit Werken Strawinskys: „Feuervogel", 1910 und „Petruschka", 1911. Was die Menschen der „belle époque" so faszinierte, waren die unverbraucht wirkenden Gefühlssphären russischer Kunst, die Claude Debussy die „russische Seele" nennt.
„Le Sacre du Printemps" aber (ver)führte das mondäne, kunstsinnige und luxusverwöhnte Premierenpublikum im neu erbauten, pompösen Théatre des Champs-Elysées zu einer neuen Rolle: Es ließ sich von der barbarischen Wildheit des Balletts provozieren und entlud seine Wut über das Unerhörte seinerseits in wüsten Barbareien. Der Schock saß tief, war aber in der Öffentlichkeit bald vergessen und machte Strawinsky berühmt.

„Le Sacre du Printemps" verdankt seine Entstehung einem plötzlichen Einfall, einer Vision Strawinskys. Ihm stand das Bild einer frühzeitlichen Feier, in der ein junges Mädchen dem Gott des Frühlings geopfert wird, vor Augen. Die eigentliche Opferfeier war als Krönung einer Reihe von Riten und mystischen Tänzen aus dem heidnischen Russland gedacht, in denen das Erfahren elementarer Naturkräfte und das Einswerden von Mensch und Natur dargestellt werden. Der eruptiv einsetzende Frühling in den Steppen Russlands ist das eigentliche Thema des Werks. Strawinsky antwortete einmal in einem Gespräch mit Robert Craft, einem seiner Weggefährten und Biografen auf die Frage, was er in Russland am meisten geliebt habe: „*Den heftigen russischen Frühling, er schien in einer Stunde zu beginnen und die ganze Erde schien mit ihm aufzubrechen. Das war das herrlichste Ereignis in jedem Jahr meiner Kindheit.*"

Die erste Szene sollte uns an den Fuß eines heiligen Hügels versetzen, in eine üppige Ebene, wo slawische Stämme versammelt sind um die Frühlingsfeierlichkeiten zu begehen. In dieser Szene erscheint eine alte Hexe, die die Zukunft voraussagt: Hier gibt es Entführung und Reigentänze. Dann folgt der feierlichste Augenblick. Der weise Alte wird aus dem Dorf gebracht, um seinen heiligen Kuss der neu blühenden Erde aufzudrücken; und während dieser feierlichen Handlung wird die Menge von einem mystischen Schauer ergriffen. Nach diesem Aufrauschen irdischer Freude führt uns die zweite Szene in ein himmlisches Mysterium. Jungfrauen tanzen im Kreis auf dem Hügel zwischen bezauberten Felsen, ehe sie das Opfer wählen, das sie darzubringen gedenken und das sogleich seinen letzten Tanz vor den uralten, in Bärenfell gekleideten Männern tanzen wird. Dann weihen die Graubärte das Opfer dem Gott Yarilo.

Nikolas Roerich in einem Brief an Serge Diaghilew, 1909

1

2

34.1 Le Sacre du Printemps in der Choreografie von Nijinsky, 1913

34.2 Le Sacre du Printemps, Ballettszene, Stuttgarter Ballett, 1980

35 Valentine Hugo: Skizzenblatt zum „Tanz der Auserwählten“ in der Choreografie von Waslav Nijinsky, 1913

Die ungemein lebendigen, ekstatischen, aber auch ruhigeren Gesten der Tänzerin Maria Piltz, welche die Rolle der Auserwählten in der Uraufführung des „Sacre du printemps“ tanzte, lassen vermuten, welche umwälzenden Neuerungen mit der tänzerischen Übersetzung der Musik verbunden waren. Strawinsky hatte darauf bestanden, dass aller Ausdruck aus dem Tanz selbst kommen müsse, *„als eine Folge ganz einfacher rhythmischer Bewegungen, die von blockartig aufgebauten Gruppen ausgeführt werden, sodass ein unmittelbarer Eindruck auf den Zuschauer entsteht. Alle überflüssigen Einzelheiten, alle Verwicklungen, die den großen Eindruck hätten abschwächen können, sollten verbannt sein.“*

Als Meister einer überwältigenden Dynamik rüttelt er die Massen auf und erweckt sie aus ihrer Apathie. (...) Und wie farbenreich ist das von ihm geschaffene Chaos! Seinen ganzen Reichtum zeigt uns Strawinsky in dem Gebrauch, den er von den Dissonanzen macht. (...)
Ich liebe und bewundere Strawinsky auch, weil ich in ihm den Befreier erkenne. Mehr als irgendein anderer hat er das gegenwärtige musikalische Denken, dessen Entwicklung arg gehemmt war, befreit.

Erik Satie, 1923

Igor Strawinsky: Danse sacrale d'élue (Tanz der Auserwählten)
Vierhändige Klavierfassung

✔ Die ersten Takte des „Opfertanzes der Auserwählten“ in der vierhändigen Klavierfassung geben Aufschluss über die eruptiven rhythmischen Impulse. Klopfen Sie den Rhythmus mit verteilten Rollen.

✔ Versuchen Sie sich in die Rolle des Dirigenten zu versetzen. Wie müsste geschlagen werden?

4

✔ Hören Sie sich Hörbeispiel 4 an. Setzen Sie das Gehörte in Vorschläge für eine Choreografie um.

Igor Strawinsky: Les Augures Printaniers (Die Vorboten des Frühlings)

5

✔ Bestimmen Sie die Akkorde der blau gefärbten und die der gelb gefärbten Tonfolgen in den Streicherstimmen und benennen Sie – auch unter Berücksichtigung der Spielanweisungen – deren Zusammenwirken.

✔ Klopfen Sie den Rhythmus der ersten acht Takte, beschreiben und bewerten Sie die Wirkung der durch den (grün) gefärbten Längsstreifen herausgehobenen Töne.

✔ Bestimmen Sie, in welcher Tonart die vier Takte nach Ziffer 14 stehen (das quinttransponierende Englischhorn spielt die Tonfolge des[1] -b - es[1] - b).

✔ Beschreiben und benennen Sie die Zusammensetzung der drei verschiedenfarbig unterlegten Stimmen in den vier Takten nach Ziffer 14.

✔ Kommentieren Sie: – Skandal – ein notwendiges Vorereignis für künstlerischen Erfolg im 20. Jahrhundert?

✔ Welcher Bevölkerungsschicht gehörten wohl die Personen an, die der Bericht des Augenzeugen hier erwähnt?

✔ Inwiefern passen Art und Ausmaß dieses Theaterskandals zum Erscheinungsbild des Expressionismus?

Igor Strawinsky:

Die Vorboten des Frühlings
Tanz der jungen Mädchen

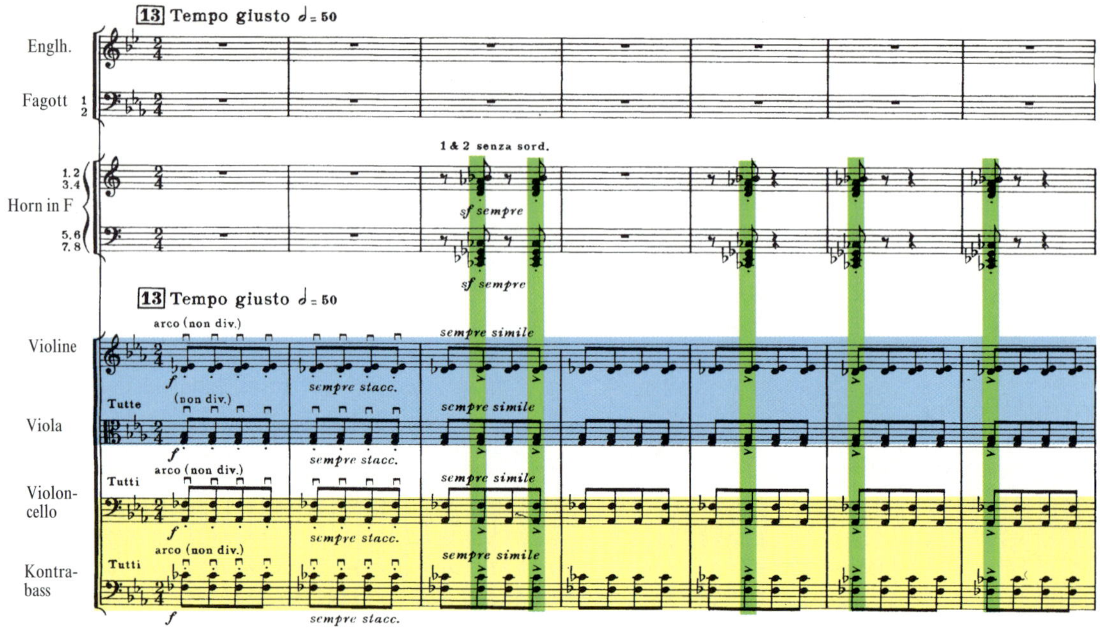

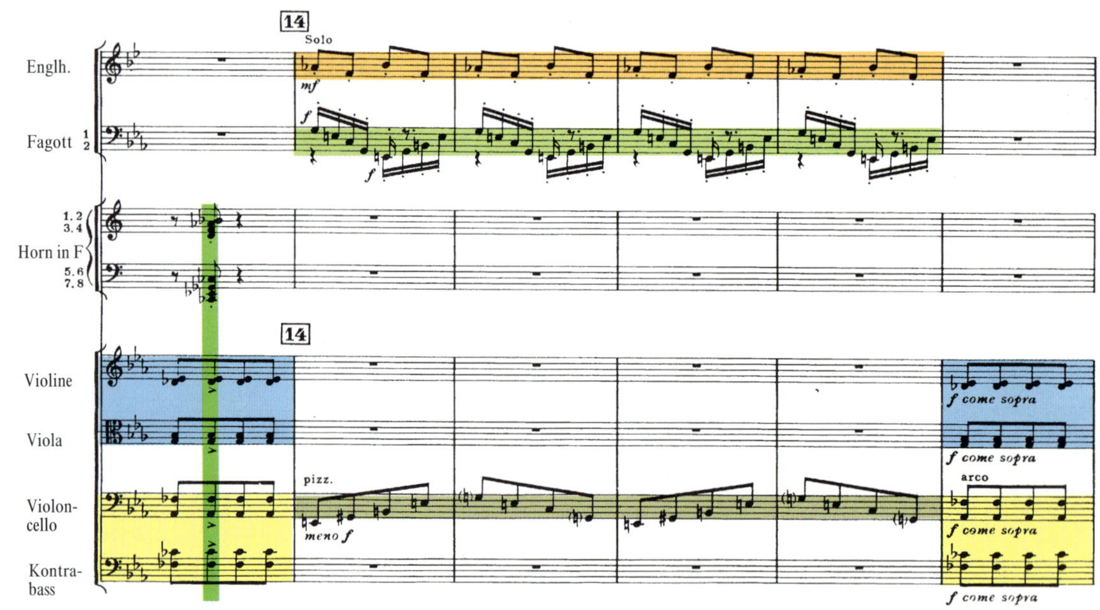

Über den historischen Skandal der Uraufführung des „Sacre" am 29. Mai 1913 schreib der Musikwissenschaftler Eric Walter White:

„Das Ballett schien von Anfang an unter einem bösen Stern zu stehen. Während die Einleitung gespielt wurde, brach im Publikum Gelächter aus; an diesem Punkt verließ Strawinsky angewidert den Zuschauerraum und ging hinter die Bühne."

Die skandalöse Szene ist von verschiedenen Augenzeugen beschrieben worden:

„Ein gewisser Teil der Zuhörer war fasziniert von dem, wie sie meinten, blasphemischen Versuch die Musik als Kunst zu zerstören, und mitgerissen von wütender Begeisterung fingen sie an, bald nachdem der Vorhang sich geöffnet hatte, zu miauen und laute Vorschläge über den Fortgang der Vorstellung zu machen. Das Orchester spielte ungehört, ausgenommen wenn es gelegentlich etwas leiser im Zuschauerraum wurde. Der junge Mann, der hinter mir in der Loge saß, stand im Verlauf des Balletts auf um besser zu sehen. Die starke Erregung, die ihn gefangen hielt, äußerte sich darin, dass er sogleich anfing mit seinen Fäusten im Takt auf meinen Kopf zu schlagen. Ich selbst war so außer mir, dass ich die Schläge lange Zeit nicht spürte."

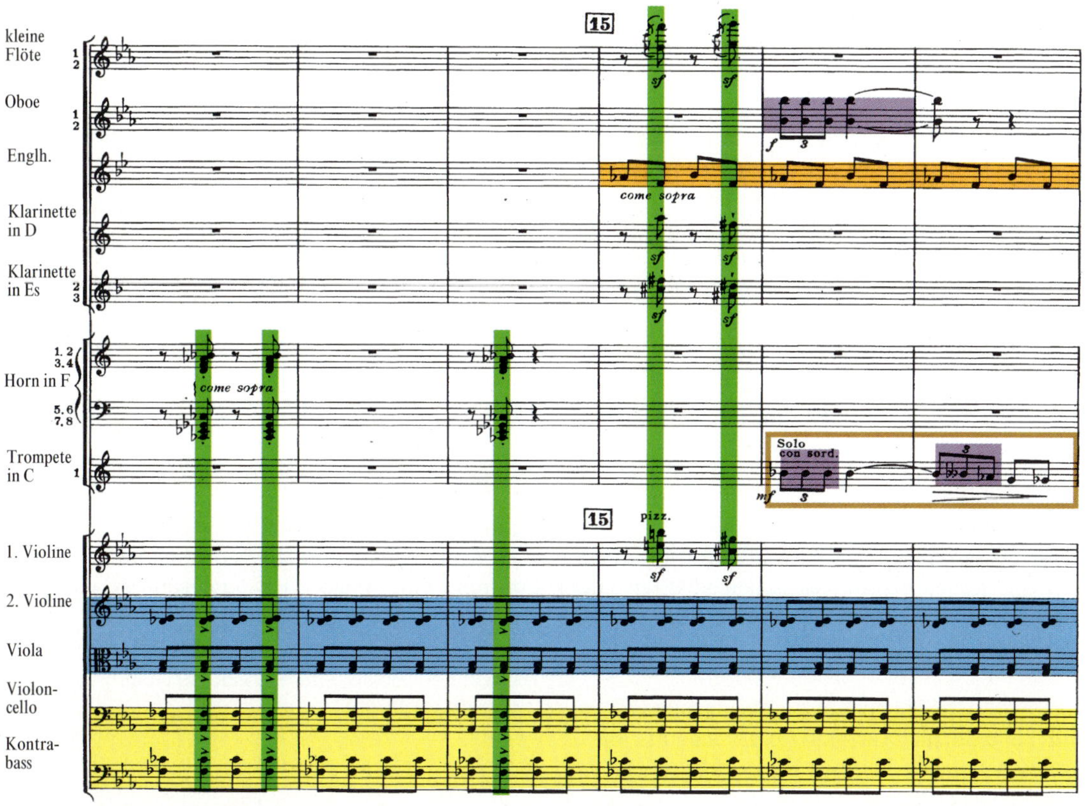

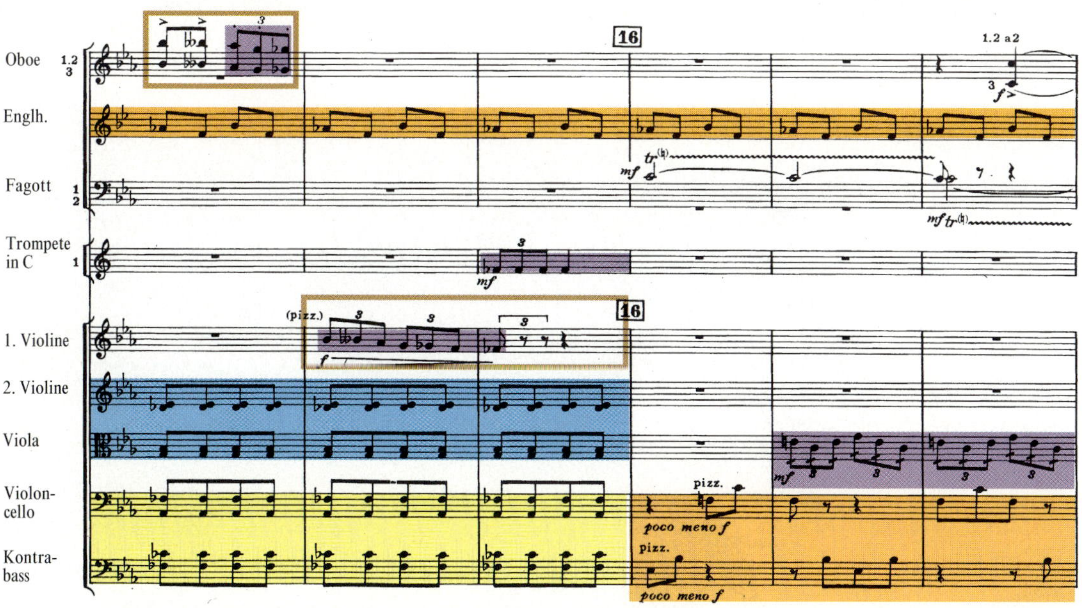

Romola Pulsky (die spätere Frau Nijinskys), die während des ersten Teils der Aufführung im Zuschauerraum war, beschrieb 1913 wie *„die Leute pfiffen (...) und lachten. (...)*
In diesem unbeschreiblichen Lärm befahl Astruc (der Intendant) *das Licht auszumachen; nun beschränkten sich Kampf und Streit nicht mehr auf Geräusche, sondern arteten in richtige Schlägerei aus. Eine gut gekleidete Dame in einer Orchesterloge stand auf und schlug einem jungen Mann, der in der nächsten Loge saß, ins Gesicht. Ihr Begleiter erhob sich und die Männer tauschten ihre Visitenkarten aus. Ein Duell folgte am nächsten Tag. (...)*
Mittlerweile herrschte auf der Bühne die größte Konfusion. Die Tänzer zitterten und waren den Tränen nahe.“

Nachdem einige Jahre später der erhoffte Erfolg gekommen war, ging eine freudige Mitteilung von Diaghilew an Strawinsky: *Gestern hat sich „Sacre du Printemps“ als überzeugender Erfolg erwiesen. Endlich haben die Narren verstanden, was daran ist. Die Times schreibt, dass „Sacre du Printemps“ für das 20. Jahrhundert ist, was Beethovens Neunte für das 19. war!*

✔ Welche neuen Motivkräfte treten mit der violetten Färbung bzw. mit der hellbraunen Umrahmung in Erscheinung?

✔ Bewerten Sie die Instrumentation und vergleichen Sie mit anderen Werken verschiedener Stilepochen! Welche Instrumente werden hier zu besonderen Aufgaben herangezogen, wo liegen die jeweiligen Schwerpunkte des Klanges?

✔ Lassen Sie sich von der Musik zum Malen oder Zeichnen eines stark abstrahierten Bildes anregen. Wählen Sie eine dem psychischen Ausdruck der Musik entsprechende Farbigkeit, Form und Komposition.

✔ Verfassen Sie einen von der Musik inspirierten Text. Versuchen Sie diesen Text immer weiter zu verknappen und zu abstrahieren. Vergleichen Sie mit den Gedichten August Stramms (S. 50, 59).

✔ 1941 setzte Walt Disney die Musik von „Sacre du Printemps“ zur Unterlegung des prähistorischen Teils seines Films „Fantasia“ein. Erörtern und mutmaßen Sie, welche Assoziationen dieser Musik Disney dabei nutzen wollte!

Exotismus
Vom ästhetischen Standpunkt aus kann Exotismus als Nachahmung von Elementen in fremden Kulturen, die sich von der eigenen Tradition unterscheiden, definiert werden. Der Geschmack an Exotischem lebt von Kulturen, die als fern und verschieden erfahren werden, ob sie nun räumlich oder zeitlich fern sind.
Enzyclopedia of World Art, 1958

Primitivismus
In der Kunstwissenschaft ein Begriff, der die Einflüsse auf das Denken und Schaffen moderner Maler und Bildhauer durch Kunst und Kultur der Naturvölker, insbesondere der Stammeskunst Afrikas und Ozeaniens, beschreibt. Dass der Begriff „Primitivismus" aus europäischer Sicht bisweilen noch als abwertend empfunden wird, beruht auf einem tradierten akademischen Kunstverständnis.

Folklorismus
Anregungen durch die Volkskunst, vorwiegend bäuerlicher, aber auch handwerklicher Art, zu Werken von „hohem" Kunstwert.

Der Reiz des Exotischen hat seit Jahrhunderten die Vorstellungen des Abendlandes beflügelt und sich in seiner Kultur fantasievoll manifestiert. Das Fremdartige und Wunderbare, die Konfrontation mit dem Fernliegenden und Unverständlichen weckte schon immer okzidentale Neugier und Sehnsucht, aber auch Angst und Abwehr (...)
Die Faszination des Exotischen inspirierte die Bildende Kunst und Architektur, das Kunsthandwerk und die Mode, die Literatur, das Theater, die Musik, die Fotografie, den Film und die Werbung zu fantasiereichen und glanzvollen, häufig auch trivialen Werken, Mustern und Metaphern.
Pollig, 1987

Nach Paul Gauguin war zu Beginn des 20. Jahrhunderts **Henri Rousseau** der wohl erfindungsreichste Maler, der exotische Motive in seinen Bildern verarbeitete. Seine naiv gemalten Urwaldbilder mit wilden Tieren, tropischen Pflanzen und exotischen Menschen begeisterten die Künstler der Avantgarde.

Die Schwarze im Bild „Die Schlangenbeschwörerin" (Bild 38) hielt Gauguin für die Schönste, die er je gesehen habe, *„mit so viel Sorgfalt, so viel Hingabe gemalt, dass man glaubt, man hätte selbst schon vor diesem von der Ewigkeit träumenden abgründigen Wald und diesem friedlichen Fluss gestanden."*

Rousseau interessierte sich allerdings nicht für die tatsächliche Kunst afrikanischer oder ozeanischer Völker, auch lassen sich in seinem Werk keine entsprechenden Einflüsse nachweisen. Rousseau malte vielmehr „Traumbilder", die den Betrachter in den Bann einer exotischen Idylle ziehen und die Sehnsucht nach unberührter Natur wach halten.

Seit 1905 gewann das Primitive großen Einfluss auf die Malerei der Expressionisten und Kubisten. Aber auch Bildhauer wie z.B. Constantin Brancusi, Jaques Lipchitz, Alberto Giacometti oder Henry Moore verdankten Anregungen zur Abstraktion der Kunst außereuropäischen Kulturen.
Die antibürgerliche Haltung der Avantgarde, ihre Huldigung an ein sinnenfreudiges Leben, die Liebe zum Einfachen und Unverbrauchten führte die Künstler in eine Art Wahlverwandtschaft zur Stammeskunst. Damit begann ein neues Kapitel des Exotismus. Die junge Künstlergeneration hielt die Flucht in die Schönheit (z.B. des Jugendstils) für eine Lebenslüge und wandte sich dem Primitiven zu, in dem sie eine unverbrauchte Ursprünglichkeit vermutete.

Je mehr die bürgerliche Gesellschaft Virtuosität und Finesse des Salons (= offizielle Kunstausstellungen und Treffpunkt der Pariser Oberschicht) *hochhielt, umso mehr fingen bestimmte Maler an, das Einfache und Naive wertzuschätzen, sogar das*

✔ Fassen Sie mit eigenen Worten zusammen, was die zeitgenössischen Künstler an der Malerei Rousseaus so begeistert hat.

38 Henri Rousseau: Die Schlangenbeschwörerin, 1907. Öl/Leinw., 169 x 189 cm, Centre Pompidou, Paris

Raue und Grobe – bis zu dem Punkt, an dem einige primitivistische Künstler (z.B. Paul Gauguin) schließlich am Ende des 19. Jahrhunderts jene außereuropäische Kunst, die sie „wild" nannten, verehrten.

Rubin, 1996

Paul Gauguins vorwiegend literarisch-philosophisches Interesse für die Ideenwelt und Symbolik der Skulpturen der Marquesas- und Osterinseln steht am Anfang der Entdeckungen primitiver Kunst.
Charakteristische Merkmale primitiver, ursprünglicher Kunst sind Ausdruckskraft und magische Qualitäten, Fantasie, Konzentration und Abstraktion der Formen auf wenige prägnante Züge, Autonomie von einander abgesetzten Teilen einer Figur, Überdimensionierung einzelner Körperteile und eine Bemalung von hohem Eigenwert.

Von Picasso wissen wir, dass es Matisse war, der ihn und andere Künstler zum ersten Mal auf die plastischen Ausdruckswerte afrikanischer Skulpturen aufmerksam gemacht hat. Matisse erkannte 1906, nach seiner Rückkehr aus Nordafrika und voller Eindrücke von der afrikanischen Stammeskunst, neue Möglichkeiten plastischer Gestaltungsweisen für seine Bildhauerei und Malerei. Der Maler Gelett Burgess bemerkte 1908: *„Es war Matisse, der den ersten Schritt in das unentdeckte Land des Hässlichen tat."*

1907 schuf Henri Matisse eine seiner bedeutendsten Plastiken, den „Liegenden Akt I", dem kurz darauf das der Plastik formal entsprechende Gemälde „Blauer Akt, Erinnerung an Biskra", (Bild 39) folgte. Matisse hatte 1906 die Oase Biskra in Algerien als *„einen lieblichen und erfrischenden Ort inmitten der Wüste"* erlebt. Dieser Ort wurde ihm zum Ausdruck von Lebenskraft und Lebensfreude. Beide Werke stellen einen entscheidenden Wendepunkt in seiner Kunst dar. Der unmittelbare Einfluss afrikanischer Skulptur zeigt sich sowohl in der Plastik als auch im Gemälde, z.B. in der „barbarischen" Schönheit dieser „afrikanische Venus", die man damals als abstoßend empfand. Sie war auch als Affront gegen den damals vorherrschenden Schönheitsbegriff der Pariser Salons gerichtet.

Picasso war vom „Blauen Akt" tief beeindruckt und prägte den bekannten Ausspruch, afrikanische Skulpturen seien schöner als die Venus von Milo. Möglicherweise hat sich Picasso durch den Primitivismus dieses „afrikanischen" Bildes dazu inspirieren lassen, im Wettstreit mit Matisse derber und kühner zu malen als je zuvor.
Die neue Ästhetik des Hässlichen stellte wichtige Zusammenhänge zwischen primitiver Kunst und moderner Malerei her. Beiden Künstlern ging es aber nicht um die Nachahmung primitiver Skulpturen, sondern um eine Anregung zu eigenen, kreativen Bilderfindungen.

Henri Rousseau
(1844/Laval – 1906/Paris) der bedeutendste Meister der naiven, „primitiven" Malerei. Rousseau übte bis 1845 den Beruf eines Zöllners aus und schuf nebenbei seine Bilder als Autodidakt. Später ließ er sich pensionieren um sich nur noch seiner Malerei, die er 1886 zum ersten Mal ausstellte, widmen zu können. Während das Publikum seine „Sonntagsmalerei" lächerlich fand, erkannten viele junge Künstler jener Zeit seine Bedeutung.

39 Henri Matisse: Blauer Akt (Erinnerung an Biskra), 1907. Öl/Leinw., 92 x 140 cm, The Baltimore Museum of Art, Cone Collection, Maryland

Pablo Picasso (1881/Malaga –1973/Mougins)
Einer der bedeutendsten Maler des 20. Jahrhunderts. Picasso lebte, nach seiner künstlerischen Ausbildung in Barcelona und Madrid, ab 1901 in Paris, wo er, nach seiner „Blauen und Rosa Periode", in Ateliergemeinschaft mit Georges Braque den Kubismus ins Leben rief. Ab 1917 löste sich Picasso vom kubistischen Stil und schuf plastisch wirkende, „neoklassizistische" Figurenbilder. Nach surrealistischen Einflüssen in den 20er-Jahren gewinnt seine Malerei an kühner, grellfarbiger und formverzerrender Expressivität. 1937 schuf er „Guernica", eines der berühmtesten Anti-Kriegsbilder. Picasso hat außer seiner Malerei auch ein umfangreiches grafisches und plastisches Werk hinterlassen.

Der Ausdruck der Gesichter ist weder tragisch noch leidenschaftlich. Es sind Masken, nahezu losgelöst von allem Menschlichen ... Es sind reine Rätselwesen (...) Die Resultate der Suche nach dem Primitiven war bestürzend. Kein Bemühen um Anmut, der gute Geschmack wie ein zu kleiner Maßstab verschmäht! (...) Es war die Scheußlichkeit der Gesichter, die die Halb-Bekehrten vor Schreck erstarren ließ.
André Salmon, 1912

Als „Schock und Offenbarung" erlebte Pablo Picasso anlässlich eines Besuchs im Ethnografischen Museum des Trocadéro in Paris (1906) Stammesmasken und Fetische. *„In diesem Moment"*, erinnerte er sich später, *„erkannte ich, um was es in der Malerei wirklich geht."*
Der Einfluss dieser Skulpturen sowie Bilder des Spätwerks von Paul Gauguin (z. B.: „Der Geist der Toten wacht") aber auch Beispiele ägyptischer und romanischer Kunst sind als Quellen seines „Primitivismus" genannt worden.
Picasso selbst hat in späteren Kommentaren Einflüsse afrikanischer Kunst auf sein Bild „Les Demoiselles d'Avignon" dementiert und in der Kunstwissenschaft wird ein direkter Einfluss von Negermasken auf dieses Werk ganz unterschiedlich bewertet.

Picassos erstes großformatiges Bild, die „Demoiselles d'Avignon" (Bild 40), das revolutionärste Programmbild der Malerei des 20. Jahrhunderts, entstand im Frühjahr 1907, nach einer Fülle vorbereitender Studien. In diesem bedeutenden Werk, das eine Szene aus einem Bordell in der Avignonstraße in Barcelona darstellt, bricht Picasso radikal mit aller vorausgegangenen Malerei. In der Darstellung der fünf Frauengestalten in einem nicht näher definierten Raum gelangt er zu fundamentalen Vereinfachungen und Deformationen der menschlichen Figur. In den vorbereitenden Skizzen waren in dieses Bild noch ein Medizinstudent und ein Matrose integriert. Aber in der ersten gemalten Bildversion eliminierte er die Männer und damit auch das Anekdotische der Darstellung. Die fünf weiblichen Akte, in ihrer Komposition durch Cézannes „Badende" beeinflusst, füllen nun allein den Bildraum, ihre Gesichter sind maskenhaft reduziert.
Picassos Kunsthändler Daniel-Henry Kahnweiler erinnerte sich 1961:
Sie müssen sich den unglaublichen Mut eines Mannes wie Picasso vorstellen, der damals in erschreckender künstlerischer Einsamkeit kämpfte, denn keiner seiner Freunde war ihm gefolgt. Das Bild, das er gemalt hatte, erschien allen irrsinnig und monströs. Braque, der Picasso durch Apollinaire kennen gelernt hatte, sagte, es käme ihm vor, wie wenn jemand Petroleum getrunken hätte um Feuer speien zu können. Und Derain bemerkte zu mir, Picasso werde sich bestimmt eines Tages hinter seinem großen Bild aufhängen – so aussichtslos erschien dieses Unternehmen. Das Bild ist, so wie

40 Pablo Picasso: Les Demoiselles d'Avignon, 1907.
Öl/Leinwand, 244 x 234 cm, Museum of Modern Art, New York

1

2

wir es heute sehen, genau in dem gleichen Zustand wie damals. Picasso hielt es zwar für unvollendet, liess es aber schließlich so, wie es war, mit beiden uneinheitlichen Seiten.

Auswirkungen von Picassos „Schockerlebnis“ waren es wohl auch, die ihn veranlassten die beiden Frauen rechts im Bild später stilistisch zu verändern, wodurch zwei uneinheitliche Bildteile entstanden.
Ein Vergleich des frühkubistischen Bildes „Männerkopf“, (Bild 41.1) mit einer „Maske“ aus Zaire (Bild 41.2) veranschaulicht Picassos Affinität zur „Art nègre“. Sie ist Ausdruck einer Übereinstimmung seines damaligen Kunstwollens mit der Kunst und Kultur der Stammesvölker. Picasso bewertete die afrikanische Kunst als „raisonable“, als Ergebnis eines verstandesmäßigen Prozesses.
1997 hat man im Privatarchiv des Künstlers bisher unbekanntes Material, rund vierzig Postkarten mit Fotos von afrikanischen Eingeborenen gefunden, die Stellungen der „Demoiselles“ und anderer gemalter Figuren einnehmen. Natürlich hat Picasso solche Schwarzweißfotografien nicht einfach abgemalt, sondern sie erfindungsreich variiert und sich durch sie zu neuen Formfindungen anregen lassen.

Generell lässt sich sagen, dass im Werk zahlreicher Künstler zu Beginn des 20. Jahrhunderts eine Abkehr von den Prioritäten der optischen Wahrnehmung und eine Hinwendung zu einer konzeptuellen, stark stilisierten Kunst festzustellen ist, die das Interesse an primitiver Kunst gefördert hat. Am Ende der großen malerischen Tradition des 19. Jahrhunderts stehend, die einem Weg zu eigenen kreativen Leistungen alles andere als förderlich war, eröffnete sich für viele junge Maler und Bildhauer im Primitivismus eine neue, noch unverbrauchte Inspirationsquelle.

Auch die deutschen Maler des Expressionismus waren vom Vitalismus der primitiven Kunst fasziniert, sowohl als Lebens- wie als Kunstidee.
„Unmittelbarkeit“ und „unverfälschtes“ Leben hatten die Künstler der „Brücke“ als Zielsetzungen in ihr Programm aufgenommen. Im Dschungel der als entfremdend-unpersönlich erfahrenen Großstädte idealisierten die „Brücke“-Expressionisten das primitive, ursprüngliche Leben der Naturvölker.
In den Sommermonaten, die sie oft an den Moritzburger Seen verbrachten, fühlten sie sich als „Eingeborene“, badeten unbekleidet mit ihren Modellen, malten und ließen eine für damalige Verhältnisse nicht statthafte sexuelle Freizügigkeit walten.

3

Die nie zuvor da gewesene grobe Farbgebung und der vernichtende malerische Angriff auf der rechten Seite der Demoiselles sind manchmal zu Unrecht mit dem Fauvismus in Verbindung gebracht worden. (...) Die besonderen Orange-, Blau-, Gelb- und Weißtöne. die er in den Demoiselles und verwandten Studien einsetzte, haben nichts mit den Farben, wie sie die französische Malerei jener Zeit kennt, zu tun. (...) Dafür gibt es in der westlichen Kunst kein Vorbild. Aber die ozeanischen Kunstwerke, die im Trocadéro zur Zeit von Picassos Besuch ausgestellt waren, nehmen einiges davon vorweg. (...) Gab es kein westliches Vorbild für die Farbpalette der rechten Seite der Demoiselles, so gab es auch keines für die maskenhaften Köpfe. (...) Tatsächlich haben ihr betont skulpturaler Charakter und einige Besonderheiten ihrer Erscheinung ein eindeutig afrikanisches Gepräge.
Rubin, 1996

✔ Was war 1907 am Bild „Les Demoiselles d'Avignon“ neu und revolutionär?

41.1 Pablo Picasso: Männerkopf, 1908. Öl/Holz, 27 x 21 cm, Kunstmuseum Bern, Hermann und Margrit Rupf-Stiftung

41.2 Maske, Boa/Zaire bemaltes Holz, H: 25,5 cm Sammlung J. W. Mestach, Brüssel

41.3 Gelett Burgess: Picasso in seinem Atelier am Bateau-Lavoir, Paris, 1908
S-W-Fotografie

Emil Nolde (1867/Nolde bis 1956/Seebüll) 1906/07 Mitglied der „Brücke“. Der wohl bedeutendste Kolorist des Expressionismus. Seit 1911 setzte er sich mit der Kunst der Naturvölker auseinander und nahm 1913/14 an einer Expedition in die Südsee teil. Ab 1926 lebte er in Seebüll in Nordfriesland.
Die Nationalsozialisten beschlagnahmten über tausend seiner Werke aus Museen als „entartet“.

Die Vorbilder der „Brücke“-Künstler waren bemalte, stark erotisierte Reliefdarstellungen von den Palau-Inseln und Skulpturen aus Kamerun, die sie im Völkerkundemuseum in Dresden gesehen und gezeichnet hatten. Die für ihre Bilder charakteristischen harten Formen und die disproportionierten Figurendarstellungen sind ohne den Einfluss primitiver Kunst kaum vorstellbar.

Emil Nolde hat sich intensiv mit exotischen, primitiven Motiven auseinander gesetzt. Sein Bild „Der Missionar“ von 1912 (Bild 42.2) ist der bedeutende Versuch außereuropäische Stilelemente in die eigene Malerei einfließen zu lassen. Die Vorlagen für dieses Bild sind bekannt: eine afrikanische Maske aus dem Sudan und ein „Wegegott“ aus Korea, die er beide im Berliner Völkerkundemuseum gesehen hat (Bild 42.1).

Bei den Malern des „Blauen Reiters“, dem Bayern Franz Marc, dem Russen Wassily Kandinsky und dem Schweizer Paul Klee lässt sich eine andere Art der Annäherung an den Primitivismus feststellen. Vor allem für diese Maler konnte das Primitive Volks-, Kinder- oder auch Stammeskunst bedeuten.

Es gibt nämlich auch noch Uranfänge von Kunst, wie man sie eher im ethnografischen Museum findet oder daheim in der Kinderstube (Lache nicht, Leser) … Parallele Erscheinungen sind die Zeichnungen Geisteskranker.
Alles das ist in Wahrheit viel ernster zu nehmen als sämtliche Kunstmuseen, wenn es gilt, die heutige Kunst zu reformieren. So weit müssen wir zurück um nicht einfach zu altertümeln.

Paul Klee, 1912

42.1 „Wegegott“, Korea bemaltes Holz, H: 291 cm. Museum für Völkerkunde, Berlin

42.2 Emil Nolde: Der Missionar, 1912. Öl/Leinwand, 79 x 65,5 cm, Smmlg. Glauerdt, Solingen

1

2

Gabriele Münter und Franz Marc sammelten altbayrische Hinterglasbilder und Kandinsky schrieb 1909 in sein Tagebuch: *Ich sehe in diesen Gebilden ausdrucksstarke Umsetzungen der Natur schon vollzogen, die ich selbst ersehne.*

Wassily Kandinsky sah eine der wesentlichen Aufgaben des „Blauen Reiters“ darin, die Vereinigung aller Ausdruckskünste zu fördern. In seinem Rückblick auf die Zeit des „Blauen Reiters“ schrieb er: *Die verderbliche Absonderung der einen Kunst von der anderen, weiter der „Kunst“ von der Volks-, Kinderkunst, von der „Ethnografie“, die fest gebauten Mauern zwischen den in meinen Augen so verwandten, oft identischen Erscheinungen, mit einem Wort, die synthetischen Beziehungen – all das ließ mir keine Ruhe.*

Als Volkskunst bezeichnet man im Bereich der Bildenden Kunst eine Vielzahl künstlerischer Erzeugnisse vorwiegend bäuerlicher, aber auch handwerklicher Art, die an Brauchtum und Lebensformen ganz bestimmter Kreise und Berufsgruppen gebunden sind. Anders als in der „hohen“ Kunst schafft die Volkskunst nichts Neues und ganz persönlich Geprägtes, sondern ist an sich stetig wiederholende Typen überlieferter Formen und Traditionen gebunden.
Kandinskys Interesse für bäuerliche Volkskunst, die im oberbayrischen Murnau eine jahrhundertealte Tradition aufweisen kann, veranlasste ihn zahlreiche Hinterglasbilder zu malen. In seinem „Allerheiligen-Bild I“ (Bild 43.1) ließ er sich durch den naiven Stil der Votiv- und Heiligenbilder zu einer märchenhaften Darstellung anregen. Der am linken Bildrand dargestellte Posaune blasende Engel thematisiert das Weltgericht und die Auferstehung.

1

Heinrich Campendonk (1889 – 1957), seit 1912 Mitglied des „Blauen Reiters“, hat sich in seinem Holzschnitt „Der Leopard“ (Bild 43.3) durch ein afrikanisches Werk im Berliner Völkerkundemuseum (Bild 43.2) zu einer freien Umgestaltung anregen lassen. Campendonk, der von 1926 – 1933 an der Düsseldorfer Kunstakademie lehrte, ist vor allem durch seine expressionistischen Holzschnitte bekannt geworden.

✔ Versuchen Sie eine Deutung von Noldes Bild „Der Missionar“. Welche Grundeinstellung des Malers tritt hier zutage?

✔ Vergleichen Sie die Jagdszene aus Nigeria mit Campendonks Holzschnitt.

43.1 Wassily Kandinsky: Allerheiligen I, 1911
Hinterglasmalerei. Lenbachhaus München

43.2 Jagdszene, Nigeria
Bronze, H.: 55 cm. Museum für Vökerkunde, Berlin

43.3 Heinrich Campendonk: Der Leopard, 1916
Hozschnitt, 25 x 32 cm, Lenbachhaus München

2

3

Bartók um 1930

Béla Bartók
(1881/Nagyszentmiklós, Südungarn, heute Rumänien bis 1945/New York)
In Bartóks Persönlichkeit vereinigen sich Komponist, Pianist, Volksmusiksammler, Wissenschaftler und Pädagoge. Zunächst unter dem Einfluss der Spätromantik und dann des Impressionismus stehend, wandte er sich um 1905 der systematischen Erforschung der Volksmusik zu. Die schöpferische Einarbeitung des musikalischen Volksgutes von Südosteuropa bis Nordafrika in neuartige, originelle und autonome Kunstwerke gehört zum Hauptmerkmal von Bartóks kompositorischem Schaffen.
1940 floh er vor dem Faschismus in die USA; trotz Vereinsamung, Armut und Krankheit schrieb er dort seine letzten großen Werke.

Zu Anfang des 20. Jahrhunderts trat ein Wendepunkt in der Geschichte der modernen Musik ein. Die Übertreibungen der Spätromantik begannen unerträglich zu werden, und es gab Komponisten, die das Gefühl hatten, dieser Weg führe ins Uferlose und es gäbe keinen anderen Ausweg als den vollständigen Bruch mit dem 19. Jahrhundert.
Bartók, 1931

Schon im Alter von acht Jahren hatte Bartók zu komponieren begonnen. Bis zum Jahr 1903 setzte er sich zunächst vor allem mit den Vorbildern Wagner, Brahms und Richard Strauss auseinander. Gegen Ende dieser Phase entstand die Sinfonische Dichtung „Kossuth“ zu Ehren des Reformers und Nationalhelden Lajos Kossuth, in dem die Sehnsucht der Ungarn nach der einstigen Unabhängigkeit zum Ausdruck kommt.
Um die Hörer emotional zu beeinflussen entschloss sich Bartók, Bürger der Doppelmonarchie Österreich-Ungarn, die österreichische Nationalhymne („Gott erhalte Franz, den Kaiser“), die für die Ungarn das verhasste Symbol der Fremdherrschaft war, verunstaltet, wie einen Fremdkörper zu zitieren, ein frühes Beispiel musikalischer Collage (vgl. auch Seite 62).

Auf der um 1905/06 einsetzenden Suche nach der landeseigenen musikalischen Identität hat Béla Bartók in Zusammenarbeit mit dem Komponisten Zoltán Kodály (1882 – 1967) die im ländlichen Volk lebendig gebliebenen Lieder und Tänze Südosteuropas systematisch erforscht und gesammelt. Auf ihren Reisen in abgelegene ländliche Gebiete fanden Bartók und Kodály zu ihrem Erstaunen einen ungeahnten Reichtum ursprünglicher Volksmusik vor. Zunächst zeichneten sie die Lieder handschriftlich auf, begannen aber bald, die Gesänge und Tänze der Bauern an Ort und Stelle mithilfe eines Phonographen aufzunehmen (Bild 44.2) und zu Hause zu transkribieren. Schon bald war Bartók in der Lage die echte Folklore seiner ungarischen Heimat von der zwar populären, unter dem Sammelbegriff „Zigeunermusik“ zu Ruhm gekommen, doch unechten „Volksmusik“ zu trennen.

Unschätzbar waren der Antrieb und die Hilfe, die dieser Wandel oder richtiger: diese „Renaissance“ von der bislang völlig unbekannten Bauernmusik bzw. von der im engeren Sinne als solche bezeichneten erhielt.
Diese Bauernmusik weist in der Form höchste Vollendung und Mannigfaltigkeit auf. Erstaunlich ist ihre große Ausdruckskraft, die dabei völlig frei von Sentimentalität und überflüssigem Geschnörkel ist. Manchmal einfach bis zur Primitivität, aber niemals einfältig, bildet sie den idealen Ausgangspunkt für eine musikalische Wiedergeburt und ist dem Komponisten der vorzüglichste Lehrmeister.
Bartók, 1931

Bartóks vertrauter Umgang mit den Sprachen der südosteuropäischen Völker und ihrem jeweiligen Musikidiom beeinflusste seine Gedankenwelt, musikalisch kompositorisch genauso wie politisch sozial: *„Unter den Bauern herrscht Frieden. (...) Vom grimmigen Hass gegen andere Völker gibt es bei ihnen keine Spur. (...) Gehässigkeit (...) wird nur von höheren Kreisen verbreitet.“*

1

6

✔ Welche Tonarten bzw. Modi sind in der ersten Bagatelle aus opus 6 miteinander kombiniert?

✔ Beschreiben Sie die melodischen Motive in beiden Stimmen.

✔ Welche Rolle spielt der synkopierte Rhythmus in den Takten 6–8 bzw. 12–14?

44.1 Béla Bartók: Erste Bagatelle, op. 6, 1908. Takte 1–18

2

45 Béla Bartók: Allegro barbaro, 1911. Takte 1-33

7

✔ In welche Aufgaben teilen sich rechte und linke Hand zu Beginn des Satzes?

✔ Welche Veränderung erfährt das Taktschema in den Takten 5–7? (Suchen Sie auch nach entsprechenden Wiederholungen dieses Motivs).

✔ Wo beginnen die ersten melodischen Wendungen und wie sind sie gestaltet?

✔ Welche Intervallklänge bzw. -folgen überwiegen?

✔ Hören Sie „Allegro barbaro“ mehrmals und schreiben Sie dazu ein Stück Prosa oder ein Gedicht mit gleicher oder sinnverwandter Überschrift.

✔ Welche Bilder, eigene Erlebnisse, Roman- oder Filmepisoden kommen Ihnen beim Hören des Stücks in den Sinn? Halten Sie diese schriftlich fest.

Die Bagatellen für Klavier opus 6 aus dem Jahr 1908 dokumentieren (zusammen mit dem ersten Streichquartett opus 7, ebenfalls im Jahr 1908 vollendet) Bartóks Weg in den neuen Stil.
Am Beispiel der ersten Bagatelle (Hörbeispiel 6) fällt zunächst deren Schlichtheit auf, die sich so deutlich vom großen Aufwand spätromantischer Musik abhebt. Die Aufhebung der Tonalität des gewohnten Dur-Moll-Systems durch die beiden verschiedenen Tonartenangaben sind ein weiteres Kennzeichen der neuen Werkphase.

Das Werk, mit dem Bartók den Stilwandel von der tonalen zur spezifisch expressionistischen Musiksprache vollzog, ist das „Allegro barbaro“ für Klavier solo, geschrieben im Jahr 1911, in dem auch Bartóks expressionistische Oper „Herzog Blaubarts Burg“ entstand.

Im „Allegro barbaro“ geht Bartók schöpferisch frei mit dem folkloristischen Material um. Es wird umgestaltet, doch nicht verfremdet. Vielmehr wird die ursprüngliche Ausdruckskraft einer melodischen oder rhythmischen Wendung wie ein Motto verarbeitet, so wie ein muttersprachliches Element in einer Dichtung Verwendung findet.
Die melodischen, harmonischen und dynamischen Elemente sind weit gehend dem rhythmischen Impuls untergeordnet. Die Dominanz des Rhythmus führt gleichzeitig zur Loslösung von der melodisch-harmonischen Struktur. Die mit „Allegro barbaro“ einsetzende Emanzipation des Rhythmus kann der Emanzipation der Dissonanz gleichrangig zur Seite gestellt werden.
Die mit den 14 Bagatellen begonnene Entwicklung wird durch das „Allegro barbaro“ zur stilistischen Reife geführt und abgeschlossen.

44.2 Bartók 1908 bei der Aufnahme von ungarischer Volksmusik in einem Dorf

46 Gabriele Münter: Bildnis Kandinsky, 1906. Farbholzschnitt Murnau, Schlossmuseum

Wassily Kandinsky
(1866/Moskau – 1944/ Neuilly-sur-Seine)
Er schloss 1892 sein Jurastudium in Moskau ab und kam 1896 nach München, wo er ab 1900 bei Franz von Stuck Kunst studierte. Nach eigener Lehrtätigkeit gründete er 1909 die „Neue Künstlervereinigung München" und zog im selben Jahr mit der Malerin Gabriele Münter nach Murnau. Zusammen mit Franz Marc gründete er 1911 den „Blauen Reiter".
1914 kehrte er als Kunstlehrer nach Russland zurück und wurde 1920 Professor für Kunstwissenschaft an der Universität Moskau.
1921 kam er nach Deutschland zurück und erhielt 1922 eine Professur am Bauhaus in Weimar. Nach Schließung des Bauhauses durch die Nationalsozialisten übersiedelte er 1933 nach Frankreich.

Den Begriff **„Abstraktion"** hat Wilhelm Worringer in seinem Buch „Abstraktion und Einfühlung" (1906) in die Kunstwissenschaft eingeführt. Unter Abstraktion verstand er eine Reduktion von Naturformen auf „Typisches" und „Wesentliches", eine künstlerische Darstellungsweise, die Mimetisches (Mimesis = Nachahmung) nicht völlig ausschließt.

Unter abstrakter Kunst (von lat. abstrahere = herausziehen, weglassen) versteht man landläufig eine Kunstrichtung, die jede Gegenständlichkeit im Sinne abbildhafter Naturnachahmung ausschließt und sich auf absolute Beziehungen von Farbe, Form und Komposition beschränkt.
Da es verschiedene Stufen von Abstraktion im Bild gibt, muss man zwischen abstrahierenden und abstrakten Darstellungen unterscheiden. Abstrahierend sind bereits die Höhlenmalereien der Steinzeit. Eigentlich sind künstlerische Gestaltungsprozesse im weitesten Sinne abstrahierend, wenn versucht wird aus der Vielfalt der natürlichen Erscheinungswelt mit künstlerischen Mitteln das Wesenhafte „herauszuziehen".
Denn wahrhaftig steckt die Kunst in der Natur, wer sie heraus kann reißen, der hat sie (A. Dürer).

Die ersten rein abstrakten Bilder stammen von Künstlern des Jugendstils (z. B. von Henry van de Velde), der bereits zwischen 1890 und 1900 aus Pflanzenornamentik heraus entwickelte, abstrakt-dekorative Kompositionen schuf.
Zwischen 1900 und 1910 gab es verschiedene Versuche, neue Wege in der bildnerischen Gestaltung zu beschreiten. Aber erst Wassily Kandinsky hat mit weit umfassenderer Konsequenz und kraft seiner geistig-künstlerischen Autorität die praktisch erprobte und theoretisch begründete Pionierarbeit in Bezug auf die abstrakte Malerei geleistet. In seiner Autobiografie „Rückblicke" beschreibt er jenes Erlebnis, das ihn zur abstrakten Malerei geführt habe:
Ich kam mit meinem Malkasten nach einer Studie heim, noch verträumt und in die erledigte Arbeit vertieft, als ich plötzlich ein unbeschreiblich schönes, von einem inneren Glühen durchtränktes Bild sah. Ich stutzte erst, dann ging ich schnell auf dieses rätselhafte Bild zu, auf dem ich nichts als Formen und Farben sah und das inhaltlich unverständlich war. Ich fand sofort den Schlüssel zu diesem Rätsel; es war ein von mir gemaltes Bild, das an die Wand angelehnt, auf der Seite stand.
Ich versuchte den nächsten Tag bei Tageslicht den gestrigen Eindruck von diesem Bild zu bekommen. Es gelang mir aber nur halb; auch auf der Seite erkannte ich fortwährend die Gegenstände, und die feine Lasur der Dämmerung fehlte. Ich wusste jetzt genau, dass der Gegenstand meinen Bildern schadete.
1912 erschien die von Kandinsky verfasste theoretische Schrift: „Über das Geistige in der Kunst". Kandinsky fordert darin die *„volle, unbeschränkte Freiheit des Künstlers in der Wahl seiner Mittel. Und dieses Prinzip ist nicht nur das der Kunst, sondern das des Lebens".*
Was in stark abstrahierten Bildern noch an abbildhaftem, mimetischem Bezug da sei, solle als „nebensächlich" gelten, nur noch „Beiklang" sein, der nicht zum „Wesentlichen" gehöre.
Die abstrakte Kunst (stellt) neben die „reale Welt" eine neue, die äußerlich nichts mit der „Realität" zu tun hat. Innerlich unterliegt sie den Gesetzen der „kosmischen Welt". So wird neben die „Naturwelt" eine neue „Kunstwelt" gestellt – eine ebenso reale Welt ...
Kandinsky interpretierte das abstrakte Bild als eine rein geistige Konstruktion, die sich auf nichts anderes mehr bezieht als auf die vom Künstler ersonnenen Regeln. Damit kommt er auch den Zielsetzungen der modernen Musik sehr nahe.

Bei Arnold Schönberg finden wir in seiner „Harmonielehre", 1911, vergleichbare Intentionen in Bezug auf seine neue Musik:
Kunst ist auf der untersten Stufe einfache Naturnachahmung. Aber bald ist sie Naturnachahmung im erweiterten Sinne des Begriffs, also nicht bloß Nachahmung der äußeren, sondern auch der inneren Natur (...) Auf ihrer höchsten Stufe befasst sich die Kunst ausschließlich mit der Wiedergabe der inneren Natur.

Das Phänomen der Synästhesie (die enge Verschmelzung von verschiedensten Sinnesempfindungen), vor allem von optischen und akustischen Sinneseindrücken, ist für ein Verständnis dessen, was Kandinsky den „inneren Klang" nennt, von grundlegender Bedeutung. Nicht nur dass er Farben mit dem Klang verschiedenster Instrumente in Beziehung setzt, er verwendet auch zur Beschreibung der Ausdrucksform einzelner Bildzonen musikalische Vortragsbezeichnungen, z. B. *„Andante: nur Kontur", „Adagio: Flecken ohne Kontur", „Presto: Durcheinander verschiedenfarbiger Flecken und schwarzer Linien".*

Der Gedanke das visuelle Material nach musikalischen Gesetzen zu ordnen und eine der modernen Musik entsprechende Harmonielehre zu schaffen, war die Folge der Begegnung und Freundschaft Kandinskys mit Arnold Schönberg, die nicht nur Kandinskys Weg in die Abstraktion, sondern auch die Malerei anderer „Blauer Reiter" wesentlich beeinflusst hat (vgl. Seite 54 f.).

Kurz vor dem Ausbruch des Ersten Weltkriegs hat Franz Marc, sicher auch unter dem Eindruck der Fenster- und Kreisbilder Robert Delaunays, vier abstrakte Bilder gemalt: „Heitere Formen", „Spielende Formen", „Kämpfende Formen" und „Zerbrochene Formen". Sie sind Marcs letzter Beitrag zum großen Thema „Abstraktion".
Sein Bild „Kämpfende Formen", vom Frühsommer 1914 (Bild 47) ist Ausdruck einer tiefen Erschütterung.

Die Bildwelt von „Kämpfenden Formen" offenbart, dass ein dramatischer Konflikt, ein Kampf von apokalyptischen Ausmaßen ausgebrochen ist. In Marcs eigener Terminologie dürfen wir die Gegenspieler als die Kräfte des Geistigen identifizieren, die gegen die Kräfte der materiellen Welt kämpfen (...).

Levine, 1980

Franz Marc (1880/München – 1916/bei Verdun) Sohn eines Malers, besuchte ab 1903 nach Abbruch eines Theologiestudiums die Münchner Kunstakademie. Auf Reisen nach Paris (1903 und 1907) beeindruckten ihn vor allem Bilder von Gauguin und van Gogh. 1911 gründete er mit Kandinsky den „Blauen Reiter" und malte, auf der Suche nach ursprünglichem Ausdruck, vom Kubismus und Futurismus beeinflusste, expressiv-abstrahierende Tierdarstellungen *(Ich sehe kein glücklicheres Mittel zur „Animalisierung" der Kunst ... als das Tierbild).*

47 Franz Marc: Kämpfende Formen, 1914. Öl/Leinw., 91 x 131,5 cm, Bayr. Gemäldesammlungen München

Franz Marc schrieb am 14. Januar 1911 an August Macke:
Ein musikalisches Ereignis in München hat mir einen neuen Ruck gegeben; ein Kammermusikabend von Arnold Schönberg. (...) Kannst du dir eine Musik denken, in der die Tonalität (also das Einhalten irgendeiner Tonart) völlig aufgehoben ist? Ich musste stets an Kandinskys große Kompositionen denken, der auch keine Spur von Tonart (Anm. „Farbverwandtschaft") *zulässt ... und auch an Kandinskys „springende Flecken" beim Anhören dieser Musik, die jeden angeschlagenen Ton für sich stehen lässt (eine Art weißer Leinwand zwischen den Farbflecken!). Schönberg geht von dem Prinzip aus, dass die Begriffe Konsonanz und Dissonanz überhaupt nicht existieren. Eine so genannte Dissonanz ist nur eine weiter auseinander liegende Konsonanz. – Eine Idee, die mich heute beim Malen unaufhörlich beschäftigt und die ich in der Malerei so anwende: Es ist durchaus nicht erforderlich, dass man die Komplementärfarben wie im Prisma nebeneinander auftauchen lässt, sondern man kann sie so weit man will „auseinander legen". Die partiellen Dissonanzen, die dadurch entstehen, werden in der Erscheinung des ganzen Bildes wieder aufgehoben, wirken konsonant (harmonisch), sofern sie in ihrer Ausbreitung und (ihrem) Stärkegehalt komplementär sind.*

Kandinsky kommentierte Schönbergs Harmonielehre mit folgenden Worten:
Wir sind heute ja schon so weit zwischen Konsonanz und Dissonanz keinen Unterschied mehr zu machen. Oder wenigstens den, dass wir Konsonanzen weniger gern verwenden. (...) Das ist, was man „Anarchie" nennt, worunter man eine Gesetzlosigkeit versteht und worunter man Ordnung verstehen muss, welche in einer anderen Sphäre wurzelt, in der der inneren Notwendigkeit. Gegensätze und Widersprüche, das ist unsere Harmonie. (...) Logisch fließt daraus auch die Zusammenstellung zweier farbiger Töne miteinander. Auf diesem Prinzip der Antilogik werden jetzt Farben nebeneinander gestellt, die lange Zeit für disharmonisch galten. So ist es zum Beispiel mit der Benachbarung von Rot und Blau, dieser in keinem physikalischen Zusammenhang stehenden Farben, die aber gerade durch den großen geistigen Gegensatz unter ihnen als eine der stärkstwirkenden, eine der bestpassenden Harmonien heute gewählt werden. Unsere Harmonie ruht hauptsächlich auf dem Prinzip des Gegensatzes, dieses zu allen Zeiten größte Prinzip der Kunst.

Die von Kandinsky erwähnten Prinzipien der „Antilogik" und des „Gegensatzes" einer Farbzusammenstellung von Rot und Blau findet sich auch in dem Gedicht „Nachts" von Georg Trakl:

Nachts

Die Bläue meiner Augen ist erloschen in dieser Nacht,
Das rote Gold meines Herzens. O! wie stille brannte das Licht.
Dein blauer Mantel umfing den Sinkenden;
Dein roter Mund besiegelte des Freundes Umnachtung
(...)

Das Nebeneinander von Rot und Blau, die durch ihren Ausdruckswert einen großen geistigen Gegensatz darstellen, entspricht der von Kandinsky konstatierten Antilogik. Anton von Webern hat dieses Trakl-Gedicht in seinen „Sechs Liedern" op. 14, 1919, vertont.

✔ Fassen Sie mit eigenen Worten zusammen, was Franz Marc an der neuen Musik Schönbergs so begeistert hat und welche Konsequenzen er daraus für seine Malerei zog. (vgl. hierzu auch Marcs zweiten Brief an Macke, S. 54).

✔ Erläutern Sie Kandinskys Satz: *„Gegensätze und Widersprüche, das ist unsere Harmonie".*

✔ Versuchen Sie in den vier Zeilen des Gedichtes von Georg Trakl das Prinzip des „Gegensatzes" und der „Antilogik in Bezug auf Verben und Substantive nachzuweisen und zu interpretieren.

48.1 Wassily Kandinsky: Der Blaue Reiter, 1903. Öl/Leinwand, Sammlung Bührle Zürich

48.2 Wassily Kandinsky: Improvisation IX, 1910. Öl/Leinw., 110 x 112 cm, Staatsgalerie Stuttgart

Obgleich es im Werk Kandinskys keine „ideale“ Entwicklungslinie zur Abstraktion gibt, kann doch anhand der nachfolgenden Bildbeispiele – bei aller Kompliziertheit einzelner Schritte – die Entwicklung in diese Richtung aufgezeigt werden.

Im Bild „Der Blaue Reiter“ (Bild 48.1), einem noch ganz der mimetischen Naturdarstellung verpflichteten Werk, symbolisiert das Schlüsselmotiv des Reiters einen heiligen Georg (den „ewigen Blauen Reiter“), der die Botschaft der Heilung und Erlösung der Welt verkündet.

1

2

In den farbenprächtigen Murnauer Gemälden (1908–1914), z.B. der „Improvisation IX“, (Bild 48.2), vollzieht sich allmählich die eindrucksvolle Entwicklung zur expressionistischen Abstraktion. Dieses Bild steht in Zusammenhang mit der stark farbigen Volkskunst und der mystischen Zeichensprache der Ikonenmalerei Russlands, mit der Kandinsky aufgewachsen ist. Die Farbe wird hier nicht mehr zur Charakterisierung des Gegenstands eingesetzt, sondern als Ausdrucksfarbe mit hohem Eigenwert.
Der Reiter und die anderen noch erkennbaren Bildgegenstände (Berge, Baum, Burg) sind in ein Bildgefüge stark strukturierter Farbklänge eingebunden. Es gelte, so Kandinsky, das Gegenständliche „versteckt“ zum Klingen zu bringen und das Abstrakte mit verbindlicher Bedeutung aufzuladen.
Das Verborgene, das Geheime, die Einbildungskraft führe dann ins Zentrum dessen, was er den „inneren Klang“ und „Seelenvibration“ nennt. Diesen Zustand zwischen „Realistik und Abstraktion“ hat er als eine „unauflösliche Verrätselung“ bezeichnet.

Zwischen 1910 und 1914 reduziert Kandinsky Gegenstandsreste im Bild immer mehr auf Zeichenhaftes. Seine Bildtitel beschränken sich ab 1909 fast ausschließlich nur noch auf drei Themenkreise:
***Impressionen**: direkter Eindruck von der äußeren Natur, welche in einer zeichnerisch-malerischen Form zum Ausdruck kommt.*
***Improvisationen**: hauptsächlich unbewusste, größtenteils plötzlich entstandene Ausdrücke der Vorgänge inneren Charakters, also Eindrücke von der „inneren Natur“.*
***Kompositionen:** auf ähnliche Art sich in mir bildende Ausdrücke, welche lang und beinahe pedantisch nach den ersten Entwürfen von mir geprüft und ausgearbeitet werden.*
Das von ihm mit großer Hochachtung gebrauchte bilnerisch-musikalische Wort „Komposition“ verwendete er für abstrakte Bilder mit höchstem Anspruch.
Zu einem seiner großformatigen, nahezu ganz abstrakten Hauptwerke, der „Komposition IV“, (Bild 49.1) hat sich Kandinsky in der Zeitschrift „Der Sturm“, Berlin 1913, ausführlich geäußert.
Er spricht hier vom *„Zusammenklang ruhiger Massen miteinander ... und mit den Linien“*, von der *„spitzen Bewegung nach links und nach oben“*, dem *„Gegensatz der verschwommenen Formen zu den konturierten“*, dem *„Überfließen der Farbe über die Grenze der Form“* und vom *„Überwiegen des Farbklanges über den Formklang“*.
Figurative Relikte in diesem Bild sind die zwei auf ein stark abstrahiertes schwarzes Liniengefüge reduzierten Reiterdarstellungen in der linken oberen Bildhälfte, zwei (auf apokalyptische Reiter verwei-

1

sende) Lanzen vor einem blauen Berg mit drei Häusern (Burg?) in der Bildmitte, links davon Sonne und Regenbogen und rechts zwei liegende Figuren. Kunsthistoriker haben auf der rechten Bildhälfte Motive aus der Serie der „Allerheiligen-Bilder" identifiziert (vgl. Bild 43.1), die für Kandinsky mit der Auferstehung der Toten am Jüngsten Tag in Zusammenhang standen.

In seinem ersten rein abstrakten Bild, dem Aquarell „Ohne Titel" (Bild 49.2) verwirklichte Kandinsky konsequent seine in der Schrift „Über das Geistige in der Kunst" formulierten Leitgedanken einer vom Gegenstand gelösten Kunst.

Das Blatt trägt das Datum 1910, gehört aber unzweifelhaft zur Serie der 1913 entstandenen Vorarbeiten für Komposition VII (Riedl, 1987). Kandinsky hat es später vermutlich versehentlich auf 1910 zurückdatiert. Die Aquarelltechnik mag mit ihrem flüssigen, lockeren Pinselauftrag wohl den Schritt zur reinen Abstraktion begünstigt haben.

Angesichts solcher Bilder vergegenwärtige man sich, dass damals noch viele Künstler und vor allem auch das kunstinteressierte Publikum der Meinung waren, dass ein Bild ohne Gegenstand sinnlos sei. In Kunstkritiken der Zeit von 1910 bis 1914 kann man folgende Reaktionen auf Bilder Kandinskys lesen: *„Scharlatanerie", „Schwindel", „Pfuscherei", „gräuliches Farbengesudel und Liniengestammel", „unsympatische Frechheit und große Arroganz", „Farben- und Formenwahnsinn".*

Der infame Ausdruck „entartete Kunst" hängt bereits in der Luft. Kandinsky reagierte darauf im Almanach „Der Blaue Reiter" folgendermaßen:

Der Beschauer fühlt sich in der Luft schweben ... die Kunst verliert den Boden. (...)
Diese Vorwürfe wachsen aus dem mangelhaft entwickelten Gefühl. Die Gewohnheit, dem Gegenstand die Hauptaufmerksamkeit zu schenken und die daraus fließende Art des Beschauers, d. h. das Hängen an der gewohnten Form des Gleichgewichts sind die verblendenden Kräfte, die dem freien Gefühl keine freie Bahn lassen.

49.1 Wassily Kandinsky: Komposition IV, 1911. Öl/Leinw., 160 x 250 cm, Kunstsammlg. Nordrhein-Westfalen, Düsseldorf

49.2 Wassily Kandinsky: Ohne Titel (Das erste abstrakte Aquarell), 1913. Bleistift, Aquarell, Tusche auf Papier, 49,6 x 64,8 cm, Musée National d'Art Moderne, Centre Pompidou, Paris

2

August Stramm
(1874–1915) wurde auf Wunsch seines Vaters Postbeamter. Neben dieser Tätigkeit promovierte er in Halle zum Dr. phil. Seit 1914 erschienen in Berlin seine zahlreichen Dramen und Gedichte, die durch ihre stark verfremdeten Wortschichtungen zu den kreativsten Schöpfungen des Expressionismus zählen. Er fiel im September 1915 in Russland.

Hugo Ball
(1886–1927), dadaistischer Schriftsteller, war nach dem Studium der Philosophie und Soziologie als Schauspieler und Dramaturg in München tätig. 1916 ging er in die Schweiz, wo er mit Hans Arp, Richard Hülsenbeck u.a. 1917 in Zürich das dadaistische „Cabaret Voltaire" eröffnete und als freier Jouralist tältig war.

Kurt Schwitters
(1887–1948) eigene, kurze Lebensbeschreibung:
Ich wurde als ganz kleines Kind geboren. Meine Mutter schenkte mich meinem Vater, damit er sich freute. Als mein Vater erfuhr, dass ich ein Mann war, konnte er sich nicht mehr halten und sprang vor Freude im Zimmer herum, denn er hatte sich sein ganzes Leben lang immer nur Männer gewünscht. Die größte Freude für meinen Vater aber war es, dass ich ein Zwilling war. Dann wuchs ich heran zur Freude anderer und es ist schon immer in meinem ganzen Leben mein Bestreben gewesen, anderen immer nur Freude zu bereiten. Wenn sie sich dann manchmal aufregen, dafür kann man ja nichts. Mein Lehrer freute sich immer, wenn er mich ohrfeigen konnte, und die ganze Schule war froh, als ich mit ihr fertig war.

15

Das Phänomen des Abstrakten ist ... in der Prosa zu finden und im Drama. Sein eigentliches Feld ist aber die Lyrik (...) Eine Dichtung ist abstrakt, die nicht den allgemeinen grammatisch-syntaktisch-begrifflichen Zusammenhang der Sprache, der Muttersprache, in der sie spricht, beibehalten will ... Abstrakt nenne ich also eine Dichtung, die in ihrer Sprache ein eigenes Gefüge der Verknüpfung und Trennung, der Auswahl und Gliederung schafft.

Brinkmann, 1965

Von großem Einfluss auf die Abstraktionsprozesse der expressionistischen Literatur war vor allem Marinettis futuristisches Manifest von 1913:
Heute wollen wir nicht mehr, dass der lyrische Rausch die Worte syntaktisch anordnet ... unsere lyrische Trunkenheit (muss) die Wörter frei deformieren, umgestalten, sie abschneiden oder verlängern ... Diese instinktmäßige Deformation der Wörter entspricht unserer natürlichen Tendenz zur Klangmalerei.

August Stramm gilt als Wegbereiter der „abstrakten" Lyrik in Deutschland. Ab 1914 hält er sich in seiner Lyrik zunehmend weniger an syntaktische und semantische Konventionen. Das lyrische Ich ist kaum mehr wahrnehmbar. Die chiffrierte Sprache ist weit gehend auf Verben und Substantive reduziert, sie zielt auf akustische Reize, auf Rhythmus und Lautstruktur. Die Sprache zwingt zu unmittelbarer Vergegenwärtigung und will den Reichtum an Assoziationsmöglichkeiten und ihren „inneren Klang" spürbar werden lassen. Die an den „Sekundenstil" impressionistischer Lyrik erinnernden Verszeilen haben in den expressionistischen Gedichten Stramms die Funktion, dem Wort seine „Ur-Bedeutung" zurückgeben, indem er die begrifflichen Aussagen auf Äußerste reduziert und zusammenballt.

Traum
Durch die Büsche winden Sterne.
Augen tauchen blaken sinken
Flüstern plätschert
Blüten gehren
Düfte spritzen
Schauer stürzen
Winde schnellen prellen schwellen
Tücher reißen
Fallen schrickt in tiefe Nacht.

August Stramm, 1914

Während die expressionistische Lyrik Stramms noch einem Wirklichkeitsverständnis verpflichtet ist, forderte der Dadaist **Hugo Ball** die Kunst habe sinnfrei zu sein. In seinen abstrakten Lautgedichten spürt Ball „die innerste Alchemie des Wortes" auf und erfindet *„Verse ohne Worte oder Lautgedichte, in denen das Balancement der Vokale nur nach dem Wert der Ansatzreihe erwogen und ausgeteilt wird"* (Ball).

Lautgedichte sind jedoch keine dadaistische Erfindung, obwohl sie als besonders dadaistisch gelten. Bereits 1905 schrieb Christian Morgenstern (1871 bis 1914) sein als Scherz gedachtes Lautgedicht „Das große Lalula".
Im Hinblick auf die abstrakten Bilder Kandinskys sagte Hugo Ball in einem Vortrag in Zürich (1917), die Bilder der modernen Maler *„tönen in einer nur erst ihnen bekannten Sprache ... Sie werden Schöpfer neuer Naturwesen, die kein Gleichnis haben in der bekannten Welt. Sie schaffen Bilder, die keine Naturnachahmung mehr sind, sondern eine Vermehrung der Natur um neue, bisher nicht bekannte Erscheinungsformen und Geheimnisse".*

In seinem Lautgedicht „Karawane" finden sich jedoch noch akustisch-mimetische Ansätze, Relikte von Gegenständlichkeit, vergleichbar den Restbeständen optischer Mimesis wie z.B. in Kandinskys Bild „Impression III" (vgl. Bild 55).

KARAWANE
jolifanto bambla ô falli bambla
grossiga m'pfa habla horem
égiga goramen
higo bloiko russula huju
hollaka hollala
anlogo bung
blago bung
blago bung
bosso fataka
ü üü ü
schampa wulla wussa ólobo
hej tatta gôrem
eschige zunbada
wulubu ssubudu uluw ssubudu
tumba ba- umf
kusagauma
ba - umf

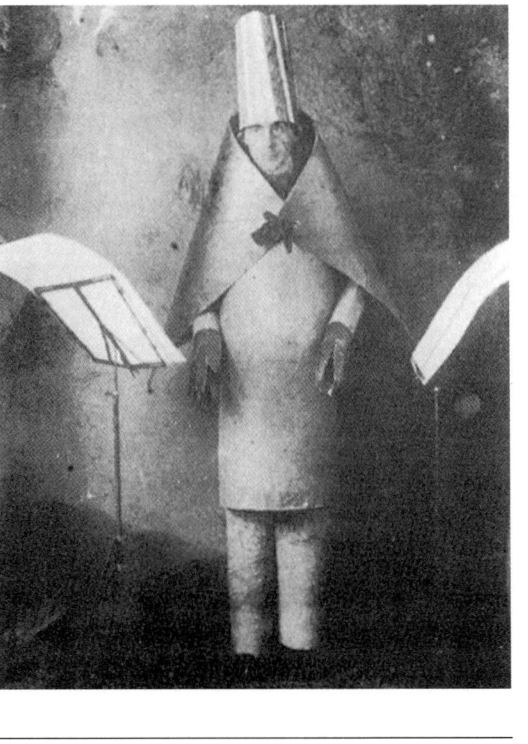

50 Hugo Ball rezitiert in kubistischem Kostüm seine Lautgedichte im Cabaret Voltaire in Zürich, 1917

Ball hat jede Verszeile mit anderen Schrifttypen gestaltet, sodass der optische Eindruck zum akustischen in eine spannungsreiche innere Beziehung gerät und vielleicht auch einen Hinweis auf die Vortragslautstärke der Verszeilen beinhaltet. Auf ganz abstrakte Weise setzt das Schriftbild den Inhalt optisch um und bildet damit auch einen Bezug zur Bildenden Kunst.

Kurt Schwitters schrieb ab 1917 zahlreiche Gedichte im futuristischen Stil August Stramms. Durch die Dadaisten erhielt er 1919 neue Schaffensimpulse. Im selben Jahr stellte er eine eigene Kunstrichtung vor, die er „MERZ“ nannte.
Die Merzdichtung ist abstrakt. Sie verwendet analog der Merzmalerei als gegebene Teile fertige Sätze aus Zeitungen, Plakaten, Katalogen, Gesprächen usw., mit oder ohne Abänderungen (...) Ich werte Sinn gegen Unsinn. Den Unsinn bevorzuge ich, aber das ist eine rein persönliche Angelegenheit. Mir tut der Unsinn leid, dass er bislang so selten künstlerisch geformt wurde, deshalb liebe ich den Unsinn.

An Anna Blume
Merzgedicht 1

O du, Geliebte meiner siebenundzwanzig Sinne,
ich liebe dir! – Du deiner dich dir, ich dir, du mir.
– Wir?
Das gehört (beiläufig) nicht hierher.
Wer bist du, ungezähltes Frauenzimmer? Du bist
– bist du? – Die Leute sagen, du wärest, - laß sie
sagen, sie wissen nicht, wie der Kirchturm steht.
Du trägst den Hut auf deinen Füßen und wanderst auf die Hände, auf den Händen wanderst du.
Hallo, deine roten Kleider, in weiße Falten zersägt.
Rot liebe ich Anna Blume, rot liebe ich dir! – Du
deiner dich dir, ich dir, du mir. – Wir?
Das gehört (beiläufig) in die kalte Glut.
Rote Blume, rote Anna Blume, wie sagen die Leute?
Preisfrage: 1. Anna Blume hat ein Vogel.
2. Anna Blume ist rot.
3. Welche Farbe hat der Vogel?
Blau ist die Farbe deines gelben Haares.
Rot ist das Girren deines grünen Vogels.
Du schlichtes Mädchen im Alltagskleid, du liebes
grünes Tier, ich liebe Dir! – Du deiner dich dir,
ich dir, du mir. – Wir?
Das gehört (beiläufig) in die Glutenkiste.
Anna Blume! Anna, a-n-n-a, ich träufle deinen
Namen. Dein Name tropft wie weiches Rindertalg.
Weißt Du es, Anna, weißt du es schon?
Man kann dich auch von hinten lesen, und du,
du Herrlichste von allen, du bist von hinten, wie
von vorne: „a-n-n-a".
Rindertalg träufelt streicheln über meinen Rücken.
Anna Blume, du tropfes Tier, ich liebe dir!

Kurt Schwitters, 1919

Seine groteske Liebesgedicht-Persiflage „Anna Blume“ ließ er an alle Litfaßsäulen Hannovers schlagen, was bitterböse Leserbriefe gegen den „Unsinn eines Geisteskranken“ zur Folge hatte. Trotzdem fand sein erstes Gedichtbändchen „Anna Blume, Dichtungen“ (1919) reißenden Absatz. *Anna Blume war über Nacht ein „Schlager ohne Melodie“ geworden* (Schwitters).
Rückblickend schrieb er 1927:
Fast alle kannten damals „Anna Blume“, und obwohl sie Kurt Schwitters' erste Publikation war – sie kam schon 1919 heraus –, machte diese Sammlung früher Dichtungen sofort erstaunlich Furore. Es gab nur zwei Reaktionen: Während ein Teil der Bevölkerung – der größere natürlich! – Kurt Schwitters am liebsten am nächsten Laternenpfahl aufgeknüpft hätte, rezitierte der andere extatisch: O du, Geliebte meiner siebenundzwanzig Sinne, ich liebe dir! ...

Die abstrakte Dichtung geht hervor aus einem fundamentalen Zweifel an der Wirklichkeit. Man kann zeigen, dass dieser Zweifel mit sozialen und politischen Tatsachen und – auf dem Felde der Kunst und der Dichtung – mit den Konsequenzen des so genannten Realismus zusammenhängt. Indem der Glaube an eine, im 19. Jahrhundert oft künstlich aufrecht erhaltene (...) Ganzheit der Wirklichkeit zerbricht, schwindet auch die Möglichkeit in der Natur und der Welt und ihren Ordnungen Abbild eines Allgemeinen und Höheren zu sehen, in der Erscheinung die Idee, wie das noch Goethe und vielleicht einige Spätere vermochten.
Damit wird auch die Sprache fragwürdig, die diesen Glauben voraussetzt. In der Dichtung vollzieht sich im Zerbrechen der Sprache das Zerbrechen der Wirklichkeit. Die Bruchstücke werden zu Bausteinen einer neuen Wirklichkeit, die der Dichter nicht anschaut in der Welt, sondern die er erst schaffen zu müssen glaubt.

Brinkmann, 1965

Mein Streben geht zur harmonischen Betätigung auf allen Gebieten der Kunst, weil jedes Gebiet durch das andere lernt und bereichert wird. (...) Ich begann in der Dichtung im Jahre 1917, mit einer Gestaltung, ähnlich der äußeren Form August Stramms. Bald gewann ich eine eigene Form, in meiner dadaistischen Zeit. Sie kennen ja alle mein Gedicht an Anna Blume.

Mein Ziel ist das Merz-Gesamtkunstwerk, das alle Kunstarten zusammenfasst zur künstlerischen Einheit. (...) Ich habe Gedichte aus Worten und Sätzen so zusammengeklebt, dass die Anordnung rhythmisch eine Reihung ergibt. Ich habe umgekehrt Bilder und Zeichnungen geklebt, aus denen Sätze gelesen werden sollen. Ich habe Bilder so genagelt, dass neben der malerischen Bildwirkung eine plastische Reliefwirkung entsteht. Dies geschah um die Grenzen der Kunstarten zu verwischen.

Ich nannte meine neue Gestaltung mit prinzipiell jedem Material MERZ. Das ist die zweite Silbe von Kommerz. Es entstand beim Merzbilde, einem Bilde, auf dem unter abstrakten Formen das Wort MERZ, aufgeklebt und ausgeschnitten aus einer Anzeige der KOMMERZ- UND PRIVATBANK, zu lesen war.

Kurt Schwitters

16

✔ Sprechen Sie das Gedicht „Karawane“ der Typografie entsprechend und versuchen Sie Relikte an Gegenständlichkeit herauszufinden und zu interpretieren.

✔ Schreiben Sie ein abstraktes Lautgedicht aus Lautfetzen, die in Ihrer Schule zu hören sind. Achten Sie auf Klang und Rhythmus und versuchen Sie, gegen Schluss eine Steigerung des Ausdrucks zu erzielen.

51 Kurt Schwitters: Titelblatt zu „Anna Blume, Dichtungen", 1919. 22,5 x 14,5 cm, Sprengel Museum Hannover

Chromatik (von griech. „chroma“ = Farbe)
Die „Umfärbung“, d.h. Veränderung eines Tones um einen Halbton auf- oder abwärts (g# = gis und g♭ = ges).
Durch die chromatische Veränderung kann ein neuer Leitton entstehen, der gegebenenfalls der Anlass für eine Veränderung der Tonart (= Modulation) ist.

Tonalität
Die Bezogenheit aller leitereigenen Töne (einer heptatonischen = siebentönigen Skala) auf einen Grundton, der seit dem Hochmittelalter allein als Schlusston erscheint.
In mehrstimmiger tonaler Musik errichtet sich über dem Grundton der zentrale Dreiklang, die Tonika, dem alle anderen Klänge durch das System der Funktionen, z.B. Dominante oder Tonikaparallele, zugeordnet sind.

Ober- oder Naturtonreihe
Sie umfasst die Töne, deren Frequenzzahl jeweils ein ganzzahliges Mehrfaches der Grund(ton)frequenz ist. Dabei ergibt sich eine Intervallreihe gegenüber dem Grundton sowie untereinander, nach der das Konsonanz/Dissonanz-System aufgebaut wurde.

Selbstverständlich hat Schönberg diese physikalischen Grundlagen gekannt und die Hierarchie der Intervalle nie in Zweifel gezogen.

8

9

Im Januar 1910 legte **Arnold Schönberg** öffentlich dar, einem neuen Ausdrucks- und Formideal nahe gekommen zu sein, das ihm seit Jahren vorschwebte. Auf dem Weg dahin habe er *„alle Schranken einer vergangenen Ästhetik durchbrochen“*. Es ist die neue Ästhetik der expressionistischen Tonsprache, die Schönberg erreicht hatte, ungefähr zur gleichen Zeit, in der auch in den anderen Künsten wie der Malerei oder der Literatur bis dahin verbindliche Kriterien der jeweiligen Disziplin durch neue ersetzt wurden.
Die wichtigste Neuerung der expressionistischen Musik Schönbergs war die Atonalität, d. h. die Außerkraftsetzung der Tonalität, also die Bindung der Töne an einen gemeinsamen Grundton in Melodik und Harmonik.
Für eine gewisse innere Notwendigkeit oder Folgerichtigkeit der Entstehung atonaler Musik spricht die vorangehende musikgeschichtliche Entwicklung, denn das tonale System verlor im Verlauf des 19. Jahrhunderts immer mehr seine funktionale Grundtonbezogenheit. (vgl. Seite 9, Musik der Moderne).
Der „Tristanakkord“, das die Oper „Tristan und Isolde“ von Richard Wagner (1865) eröffnende Motiv, ist ein Beispiel dafür, wie Leittöne nicht aufgelöst, sondern chromatisch in Spannungsklänge geführt werden, die neue Dissonanzen aufweisen. Die dabei entstehende harmonische Folge bleibt durchaus noch im tonalen Rahmen, entspricht aber nicht mehr den bisher geltenden Regeln (Hörbeispiel 8).

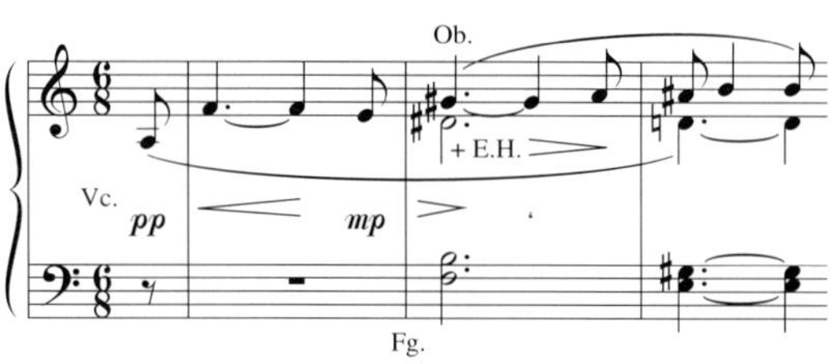

In der Klangwelt des Impressionismus gehörten schon vor der Jahrhundertwende die partielle Aufhebung der funktionalen Harmonik und die Verwendung parallel geführter Septnonakkorde als selbstständige Klangfarben zu den stilbildenden Elementen (Hörbeispiel 9).

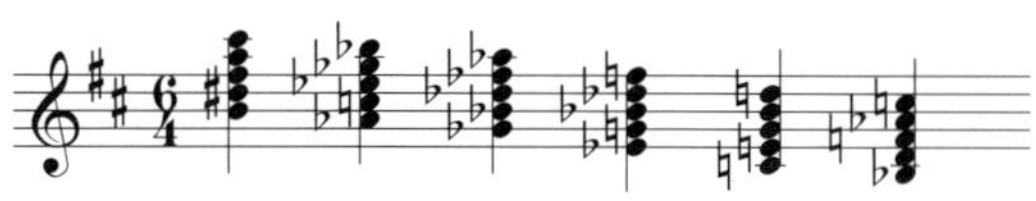

Während sich Debussys neues Klangempfinden überwiegend noch an Natur und Vorgegebenem orientierte, waren die Expressionisten von einer umfassenden Erneuerungsbewegung geleitet, die sich von Gewohntem, in diesem Fall vom musikalischen Denken in Grundtonbeziehungen, befreien wollten. Mit dem Komponieren in Atonalität bzw. in freier Tonalität unmittelbar verknüpft ist die Aufhebung des Gegensatzes von Konsonanz und Dissonanz. Schönberg nannte das „Emanzipation der Dissonanz“. Diese bedeutet aber nicht, dass eine Konsonanz, eine Terz beispielsweise oder eine Quinte, durch eine Dissonanz ersetzt wird, sondern die Befreiung von der Verpflichtung eine Dissonanz in eine vorgesehene Richtung zu führen und aufzulösen. Im Zusammenhang damit wurde das harmonische Zentrum des Akkords auf dem Grundton, die Tonika, hinfällig. Gegner der Atonalität bezeichnen eben dies als Naturgesetz und leiten es von der Struktur der Obertöne ab. Befürworter der Atonalität argumentieren, dass nicht die Natur, sondern der frei agierende Geist des Menschen als Urheber eines Kunstwerks anzusehen sei.

Bei dem Vergleich der alten Liedmelodie „Nun will der Lenz uns grüßen“ mit dem Lied Nr. 14 aus dem „Buch der hängenden Gärten“ op. 15 (1908) von Arnold Schönberg lässt sich dessen musikalische Absicht deutlich machen.

Der Grundton des ersten Phrasenpaares des Liedes ist g. Durch das Auftaktintervall der steigenden Quarte vom Quintton d aus (2. Oberton der Naturtonreihe) erfährt der Grundton seine sofortige Bestätigung, die am Ende des Melodieabschnitts durch die Auflösung des Leittons fis zum Grundton abschließend wiederholt wird; der melodische Spannungsbogen ist damit beendet. Diese alte Liedmelodie ist verständlich, uns vertraut, wir können sie nachsingen.

Wird die Harmonik der Liedmelodie als vereinfachte Akkordfolge unterlegt, tritt in der Mehrstimmigkeit der harmonische Kadenz-Spannungsbogen dazu. Die Verklammerung von Melodie-Linie und Akkord-Klang in der funktionalen Kadenzharmonik ist eine Art von musikalischer Syntax, die seit Mitte des 16. Jahrhunderts die Musik Europas dominierte. Diese musikalische Sprache wirkt natürlich, wie es der Aussage dieses Liedes entspricht.

Das Lied Nr. 14 „Sprich nicht immer von dem Laub“ (Hörbeispiel 10) gibt uns die Sicherheit des Grundtongefühls nicht. Ein Nachsingen ist kaum möglich, obwohl auch hier konsonante Intervalle und bekannte Strukturen wie Motivwiederholung und -beantwortung zu erkennen sind. Offenbar war es die Absicht des Komponisten, die Erinnerung an das bekannt Liedhafte zu verhindern und dadurch den Weg zu neuen Ausdruckswerten freizumachen. Die Anklänge an Tonmalerei sind zu äußerst kurzen Ereignissen geschrumpft und unterstreichen den Eindruck des Aphoristischen. Die in diesem Lied enthaltenen Bilder des Herbstes, des Zerfalls, der Bedrohung und Vergänglichkeit, in kurzen Episoden aneinander gereiht, hätten durch die herkömmliche musikalische Syntax oder Architektur eine innere Festigkeit erhalten, die Schönberg nicht angemessen schien, weil sie zu nahe an der Oberfläche der Realität und des Gewohnten angesiedelt gewesen wäre. Selbst eine von Chromatik spannungsdurchsetzte, ornamentale Vertonungsart des Jugendstils hätte sich von der bisherigen Symmetrie oder Logik der tonalen Syntax nicht wesentlich unterschieden.

1

Zur Aufdeckung tiefer liegender und neuer Erkenntnismöglichkeiten suchte Schönberg nach einer neuen „Harmonie", von der Wassily Kandinsky in einem Brief an Schönberg schrieb (vgl. Seite 47), dass sie *„nicht auf dem 'geometrischen' Wege zu finden sei, sondern auf dem direkt antigeometrischen, antilogischen. Und dieser Weg ist der der 'Dissonanz in der Kunst', also auch in der Malerei wie in der Musik."*

(Brief vom 18.1.1911)

Die neuartige Kompositionstechnik Schönbergs hatte sich bereits im Streichquartett Nr. 2 Fis-Moll, op. 10, das ungefähr ein Jahr früher als die „George-Lieder" entstand, Bahn gebrochen (Hörbeispiel 11).

2

Am Beispiel dieses Auschnitts aus dem Übergang der Exposition zur Durchführung (Takt 90) ist zu beobachten, dass sich Schönberg trotz Beibehalten tradierter Elemente wie die der Themenreminiszenz und des motivischen Verarbeitens einer neuen Tonsprache bedient.

In den Bereichen Melodik, Harmonik, Rhythmik und Spielanweisungen deuten sich ungewohnte Ausdrucksweisen an. Zwar bleibt diese Musik sprachanalog – davon zeugen nicht nur die Tempowechsel und das motivische Geflecht –, doch wird eine neue Grammatik spürbar; die Nahtstellen der Spannungsbögen im musikalischen Verlauf wirken zersplittert und nervös aufgeladen.

Der Klang schwebt zwischen einer noch zu ahnenden tonalen Basis (fis-Moll) und der Atonalität. Immer wieder lösen sich motivische Abspaltungen aus dem ersten Thema, das in Takt 90 zunächst in der 1. Violine, dann in der 2. Violine in verschiedenen Klangqualitäten in Erinnerung gebracht wird, und leiten vom Grundtonempfinden weg.

Das Unstete, Atemlose und ständig neu Auf- und Abschwingende der Musik offenbart sich sowohl im Nebeneinanderstehen von tonalen und freien bzw. atonalen Klangepisoden als auch im häufigen Tempowechsel.

Das Bauprinzip der Symmetrie bzw. „Geometrie" von Melodie, Rhythmus, Klang und Form, das ältere Musik kennzeichnet, ist aufgebrochen.

Arnold Schönberg
1874/Wien – 1951/Los Angeles)
Schönberg entstammte einer jüdischen Kaufmannsfamilie und begann früh sich autodidaktisch mit Musik zu beschäftigen. Zwei Jahre Kompositionsunterricht bei A. von Zemlinsky.
Ab 1895 machte er Musik zu seinem Hauptberuf. Vom breiteren Publikum nie anerkannt, wurde er doch einer der einflussreichsten Komponisten des 20. Jahrhunderts. Untrennbar verbunden ist sein Name mit dem Verlassen der Tonalität (1907/8) und der Entwicklung der Dodekaphonie oder Zwölftonmusik (1922/23).

10

11 und 12

Im Scherzosatz des 2. Streichquartetts zitiert Schönberg die alte Wiener Volksweise „O, du lieber Augustin".
Diese ganz einfache Walzer-Melodie mit steter Dominante-Tonika-Reihung geistert mit ihren beiden Motiven zunächst so unauffällig durch den ganzen Satz, dass sie kaum auffällt. Dann aber wird das Liedchen mitten im Satz in der Art einer musikalischen Collage (siehe S. 61) zitiert und sofort verfremdet. Der unterschwellig mitklingende Liedtextteil „alles ist hin" gab Anlass zu unterschiedlichen Deutungen: Mit dem Gassenhauer läute Schönberg das Ende der Tonalität ein, die Ironie des Zitats verweise auf die Ironie des ganzen Satzes oder er habe auf seine privaten Probleme hingewiesen.

53.1 Arnold Schönberg: Sprich nicht immer von dem Laub, op. 15, 1908.

53.2 Arnold Schönberg: Streichquartett Nr. 2 Fis Moll, op. 10, 1907. Takte 80–100.

Anmerkung zum Briefwechsel Marc – Macke:
Die Formulierung *„... völlig unauflösbare Mischklänge ... ohne jeden Farbklang"* (aus dem 2. Brief von Marc an Macke) bezieht sich auf die Quart-(statt Terz-)Schichtung der Akkorde, die damit ihre Beziehung zu einem Grundton verlieren (vgl. „Naturtonreihe", S. 52). Die Akkorde haben keine funktionale, d. h. Spannung weitergebende oder auflösende Beziehung untereinander wie beispielsweise im Kadenzzusammenhang der Liedbegleitung.

„... nur Ausdruck, Geste ..." bedeutet: Vorgegebene Strukturen wie beispielsweise Symmetrie von Melodie und Akkord oder – vergleichbar in der Malerei von Lineatur und realistisch orientierter Farbgebung – werden ausgeschlossen.
Die Befreiung von dieser „Geometrie" oder Logik bezeichnet Kandinsky als „Schönfarbigkeit", als Auflösung der Farben in einer großen Harmonie.

Mit wachsendem Interesse wurde die ab 1907/08 entstehende Musik Schönbergs von den zeitgenössischen Künstlern verfolgt. Den tiefen Eindruck, den seine für die damalige Zeit revolutionären musikalischen Werke hinterließen, bezeugen zwei Briefwechsel, zum einen zwischen Arnold Schönberg und Wassily Kandinsky, zum anderen zwischen Franz Marc und August Macke.
Das Ereignis, das die Briefkontakte auslöste, war ein Konzert mit Werken Schönbergs, das die Mitglieder des „Blauen Reiters" gemeinsam besucht hatten. In diesem Konzert am 1. Januar 1911 in München wurden, neben anderen Werken, das 2. Streichquartett, op. 10 und die Drei Klavierstücke, op. 11 von Schönberg aufgeführt.

Am 18.1.1911 schrieb Kandinsky über den Konzertbesuch an Schönberg:
(...) Ich habe eben Ihr Konzert hier gehört und habe wirklich viel Freude daran gehabt. (...) Sie haben in Ihren Werken das verwirklicht, wonach ich in freilich unbestimmter Form in der Musik so eine große Sehnsucht hatte. Das selbstständige Gehen durch eigene Schicksale, das eigene Leben der einzelnen Stimmen in Ihren Kompositionen ist gerade das, was ich auch in malerischer Form zu finden versuche. (...)

In Schönbergs postwendender Antwort ist zu lesen:
(...), ich danke Ihnen sehr herzlich für Ihren Brief. Ich habe mich außerordentlich gefreut. Es ist meinen Werken vorläufig versagt, die Massen zu gewinnen – umso sicherer erobern sie sich die Einzelnen. (...) Jede Formung, die traditionelle Wirkungen anstrebt, ist nicht ganz frei von Bewusstseinsakten. Und die Kunst gehört aber dem Unbewussten! Man soll sich ausdrücken!

Der fortgesetzte rege Briefwechsel zwischen Kandinsky und Schönberg dokumentiert den künstlerischen Willen beider, subjektives Erleben sinnlich erfahrbar und somit objektivierbar zu machen, frei von vorgegebenen Regeln.
Sie lernten sich bald persönlich kennen und blieben lebenslange Freunde. Kandinsky beteiligte Schönberg, der auch malte, 1911 mit drei Bildern an einer Ausstellung des „Blauen Reiters" in München. Zudem beauftragte er ihn mit redaktionellen Arbeiten am Almanach „DER BLAUE REITER", einer periodisch erscheinenden Sammlung von Text- und Bildbeiträgen zu den neuen künstlerischen Ansätzen in Kunst, Musik und Literatur.
In den folgenden Monaten des Jahres 1911 schrieben beide ihr theoretisches Hauptwerk, Kandinsky „Über das Geistige in der Kunst", Schönberg seine „Harmonielehre".
Dem ersten Schreiben von Franz Marc an August Macke vom 14. Januar 1911 (siehe Seite 47) folgte einen Monat später ein zweites. Marc teilt darin dem Freund seine Beobachtungen der Übereinstimmung im künstlerischen Wollen von Kandinsky und Schönberg mit, was ihn tief beeindruckte.

Mit Kandinsky unterhielt ich mich letzthin lang über Schönberg und unterbreitete ihm die mir etwas überraschenden Konsequenzen, die Maria (Marcs Frau, Anm.) *aus dieser Musik gezogen, (sie behauptet, dass er mit völlig unauflösbaren Mischklängen arbeitet, ohne jeden Farbklang, nur Ausdruck, Geste). Kandinsky war darüber ganz begeistert: das ist sein Ziel; seine „Schönfarbigkeit", die Auflösung seiner Farben in einer großen Harmonie, ein „faute de mieux" in seinem Schaffen, über das er noch hinwegkommen müsse; die jungen Franzosen (Rouault, Braque, Fauconnier, Picasso etc.) hätten dies Schönberg'sche Prinzip auch schon erfasst etc. Ich sah auch die letzten Sachen von Kandinsky in seinem Atelier und gestehe, kaum je einen so tiefen und schaurigen Eindruck von Bildern erhalten zu haben als hier; Kandinsky bohrt am tiefsten von allen.*

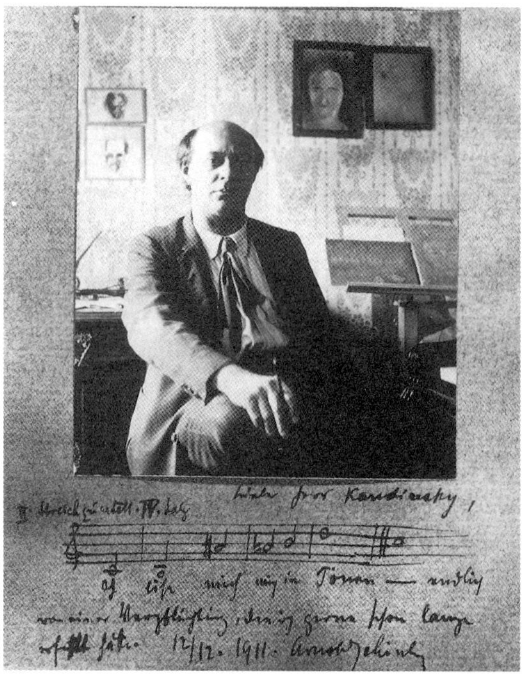

54 Postkarte von Schönberg mit Widmung an Kandinsky:
Lieber Herr Kandinsky, II. Streichquartett, IV. Satz ich löse mich nun in Tönen – endlich von einer Verpflichtung, die ich gerne schon lange erfüllt hätte. 12.12.1911 Arnold Schönberg

Das besondere Ausmaß der gemeinsamen künstlerischen Empfindungen und des Ausdruckswillens von Schönberg und Kandinsky zeigte sich auch auf dem Gebiet des Musiktheaters.
Schönbergs Drama mit Musik „Die glückliche Hand" (1908–1913) und Kandinskys Bühnenkomposition „Der gelbe Klang" (1909–1912) zeigen beide eine Grundkonzeption, die im Wesentlichen aus Bühnenanweisungen, Bewegungsabläufen, Farbenlichtwechseln, gegenstandslosen Bildern, reduziertem Dialog- bzw. Monologtext und dazu korrespondierenden (bei Schönberg ausgeführten) musikalischen Komplexen besteht.
Darin ist die Absicht zu erkennen, mit synästhetischen Mitteln, wie sie aus der Tradition des Gesamtkunstwerks hervorgegangen sind, Kräfte der Fantasie wecken zu wollen, nicht Illusionen, wie die von den Symbolisten gewünschten, sondern aus freier Fantasie, aus befreitem Geist geborene Erkenntnisse.

Mit den drei Klavierstücken op. 11 und dem Liederzyklus „Das Buch der hängenden Gärten" entstanden zwischen 1908 und 1909 die ersten völlig tonartfreien Werke Schönbergs. Im Programmvorwort zur Uraufführung der George-Lieder im Januar 1910 schrieb Schönberg:
Mit den Liedern nach George ist es mir zum ersten Mal gelungen einem Ausdrucks- und Formideal nahe zu kommen, das mir seit Jahren vorschwebt. Es zu verwirklichen, gebrach es mir bis dahin an Kraft und Sicherheit. Nun ich aber diese Bahn endgültig betreten habe, bin ich mir bewusst alle Schranken einer vergangenen Ästhetik durchbrochen zu haben; und wenn ich auch einem mir als sicher erscheinenden Ziele zustrebe, so fühle ich dennoch schon jetzt den Widerstand, den ich zu überwinden haben werde; fühle den Hitzegrad der Auflehnung (...).

Bezeichnenderweise endet das Vorwort mit dem Bekenntnis, *„(...) dass nicht Mangel an Erfindung oder an technischem Können oder an Wissen um die anderen Forderungen jener landläufigen Ästhetik mich in diese Richtung drängten, sondern, dass ich einem inneren Zwang folge, der stärker ist als Erziehung, dass ich jener Bindung gehorche, die als meine natürliche mächtiger ist als meine künstlerische Vorbildung."*

✔ Wie ist das Thema aus dem (markierten) Kerngedanken heraus entwickelt?

✔ Hören Sie mehrmals das Thema, dann das gesamte 1. Klavierstück aus op. 11 und setzen Sie Ihre Empfindungen bildlich oder sprachlich um!

✔ Ergründen Sie, welche Eindrücke Kandinsky in Impression III verarbeitet hat und warum er das Bild „Impression" und nicht „Improvisation" oder „Komposition" betitelt hat! (vgl. Seite 48)

13

Arnold Schönberg: Klavierstück Nr. 1, op. 11, 1908. Takte 1–11 (Thema)

Das große schwarze Farbfeld erinnert an einen Konzertflügel. Zu den beiden kontrastierenden großen Farbflächen Schwarz und Gelb finden sich in Kandinskys Buch „Über das Geistige in der Kunst" folgende Kommentare: *„Das in Gelb gemalte Bild strömt immer eine geistige Wärme aus".* Die dem Gelb innewohnende Bewegung bezeichnet er als *„das Streben zum Menschen (...), Gelb, wenn es direkt betrachtet wird (...), beunruhigt den Menschen (...). Gelb ist die typisch irdische Farbe. (...) Und wie ein Nichts ohne Möglichkeit, wie ein totes Nichts nach dem Erlöschen der Sonne, wie ein einziges Schweigen ohne Hoffnung und Zukunft klingt innerlich das Schwarz ..."*

55 Wassily Kandinsky: Impression III (Konzert) 1911. Öl auf Leinwand, 77,5 x 100 cm, Städt. Galerie im Lenbachhaus, München

Max Beckmann
(1884/Leipzig – 1950/New York)
Beckmann ließ sich nach seinem Kunststudium in Weimar 1904 in Berlin nieder, wo er der Berliner Sezession beitrat und seine Bilder ausstellte.
Als Sanitätssoldat erlitt er 1915 einen Nervenzusammenbruch und wurde aus dem Kriegsdienst entlassen. Unter dem Eindruck des Krieges vollzog sich in seinem Werk ein radikaler Stilwandel, wie er z. B. in seinem in *„leichenblasser Farbigkeit“* (Jocks) gemalten, frühen Meisterwerk „Die Nacht“ (Bild 59) zum Ausdruck kommt. 1933 wurde er als Lehrer am Städtischen Kunstinstitut in Frankfurt entlassen und emigrierte 1937 nach Amsterdam. 1947 übersiedelte er in die USA, wo er zunächst in St. Louis, dann ab 1949 in New York an Kunsthochschulen lehrte und hohe Auszeichnungen erhielt.

56 Max Beckmann:
Die Kriegserklärung, 1914.
Radierung
Kunsthalle Hamburg

Ach, es ist furchtbar. (...)
Es ist immer das Gleiche, so langweilig, langweilig, langweilig. Es geschieht nichts, nichts, nichts, nichts. Wenn doch einmal etwas geschehen wollte, was nicht diesen faden Geschmack von Alltäglichkeit hinterlässt. Wenn ich mich frage, warum ich bis jetzt gelebt habe. Ich wüsste keine Antwort. Nichts wie Quälerei, Leid und Misere aller Art. (...)
Geschähe doch einmal etwas. Würden einmal wieder Barrikaden gebaut, ich wäre der Erste, der sich darauf stellte, ich wollte noch mit der Kugel im Herzen den Rausch der Begeisterung spüren. Oder sei es auch nur, dass man einen Krieg begänne, er kann ungerecht sein. Dieser Frieden ist so faul ölig und schmierig wie eine Leimpolitur auf alten Möbeln. Was haben wir auch für eine jammervolle Regierung, einen Kaiser, der sich in jedem Zirkus als Harlekin sehen lassen könnte. Staatsmänner, die besser als Spucknapfhalter ihren Zweck erfüllen, denn als Männer, die das Vertrauen des Volkes tragen.

Georg Heym, Tagebuch vom 6. Juli 1910

Bevor es 1914 zum Krieg kam, war das Unbehagen progressiver Intellektueller an der herrschenden Kultur so groß, dass ihnen alle Mittel recht erschienen dieses erstarrte Gefüge zu zerschlagen. Zunehmend findet sich in Selbstzeugnissen, Dichtungen und bildender Kunst seit etwa der Jahrhundertwende der Krieg als Metapher des Umbruchs. Bei dieser Vorstellung spielten die philosophischen Überlegungen Friedrich Nietzsches eine wesentliche Rolle. Nietzsche, der den Krieg selbst widersprüchlich darstellte, wurde von fast allen expressionistischen Künstlern gelesen und geschätzt. (...) Die pathetische Verklärung des Krieges war ohne Ahnung von dem, was Krieg tatsächlich bedeuten sollte. Der Krieg gehörte nicht zur direkten Erfahrung dieser Generation, obwohl in Europa verschiedene Kriege geführt wurden (1911 der türkisch-italienische Krieg und 1912 bis 1913 die Balkankriege). *Ihre Kriegshoffnung war nicht militaristischer Natur, sondern im Gegenteil die schärfste Zuspitzung ihres Konflikts mit der autoritären Umklammerung des Wilhelminischen Staates. Dieser war es, der den Krieg insgeheim und offen vorbereitete.*

Blume, 1986

Der Erste Weltkrieg war für die junge Generation der Maler und Schriftsteller ein einschneidendes Erlebnis von tief greifender existenzieller Bedeutung. In ihrem künstlerischen Werk nimmt er einen großen Stellenwert ein. Das gemeinsam erlittene Schicksal stellte Malerei und Dichtung in enge Zusammenhänge.

Kriegserklärung
Grellgrünes Wachsein in den
nächtigen Straßen.
Ein kalter Ton reibt sich in
Weniger Munde glühend
Und rast blitzflackernd
durch die starren Massen.
Dann spielt in jedem Puls
der Telegraf:
Weit über Länder ahnt man
schwarz den Himmel
durch den vibrierend schrille
Drähte schneiden,
die in die lauen Städte
hartkantige Worte peitschen.
Die fremden Blicke
schmelzen ineinander
Scheulos, unheilig, ohne Süße
Zu sehr ist man der Sehnen sich bewusst.
Nur in den Schläfen
schmerzt ein weiches Schluchzen,
das fernebang
Soldatenliedern lauscht.

Wieland Herzfelde, 18.8.1914

Als Deutschland den Krieg erklärte, war die Freiwilligenmeldung fast eine Selbstverständlichkeit. Die meisten der expressionistischen Dichter und Maler gingen mit ähnlicher Haltung ins Feuer, wie sie Franz Marc in einem Brief an seinen Freund Kandinsky 1914 beschrieb: „Es gab keinen anderen Durchgang zur Zeit des Geistes. Der Stall des Augias (Anm.: = Zustand großer Unordnung), *das alte Europa, konnte nur so gereinigt werden, oder gibt es einen einzigen Menschen, der diesen Krieg ungeschehen wünscht?“*
Es gab nur wenige, die diesen Krieg von Anfang an ablehnten. (...) Bei den meisten Kriegsbegeisterten setzte bald die Ernüchterung ein. Das wahre Ge-

57 August Macke:
Der Abschied, 1914.
Öl/Leinw., 100 x 130,5 cm,
Sammlung Ludwig, Köln

August Macke
(1887/Meschede – 1914/Perthes-les-Hurlus)
Macke studierte von 1904–1906 an der Kunstakademie und Kunstgewerbeschule Düsseldorf. Ab 1907 war er zwei Jahre lang Schüler des deutschen Impressionisten Lovis Corinth in Berlin. 1910 lernte er in München Franz Marc kennen, mit dem sich eine tiefe Freundschaft entwickelte. 1911 ließ er sich in Bonn nieder. Er trat dem „Blauen Reiter" bei, beteiligte sich an der Arbeit für den Almanach und an den Ausstellungen des „Blauen Reiters". 1914 untenahm er mit Paul Klee und Louis Moillet eine Reise nach Tunis, wo er seine berühmt gewordenen „Tunisaquarelle" malte.

sicht des Krieges hatte so gar nichts von dem edlen Charakter einer Befreiungstat. Wenige standen diesen Krieg bis zum Ende durch.

Blume, 1986

August Macke ließ bei seiner Einberufung eines seiner letzten Gemälde „Abschied"(Bild 57) unvollendet zurück. Alle Fröhlichkeit und Unbeschwertheit der Farbenpracht früherer Bilder ist daraus verschwunden. Macke fiel bereits am 26. September 1914 in Frankreich.
„Kurz vor der Abfahrt zum Kriegsschauplatz für Peter Scher" schrieb **Alfred Lichtenstein** als Widmung über sein Gedicht „Abschied". Einen Tag vor August Macke fiel er bei Reims.

Abschied
Vorm Sterben mache ich noch mein Gedicht.
Still, Kameraden, stört mich nicht.

Wir ziehn zum Krieg. Der Tod ist unser Kitt.
Oh, heulte mir doch die Geliebte nit.

Was liegt an mir. Ich gehe gerne ein.
Die Mutter weint. Man muss aus Eisen sein.

Die Sonne fällt zum Horizont hinab.
Bald wirft man mich ins milde Massengrab.

Am Himmel brennt das brave Abendrot.
Vielleicht bin ich in dreizehn Tagen tot.

Alfred Lichtenstein, 1914

Vernichtend desillusionierend brach die Kriegswirklichkeit über die Jugend herein: Stadler, Lichtenstein, Stramm, die Maler Marc und Macke fielen.

Die Schlacht bei Saarburg
Die Erde verschimmelt im Nebel.
Der Abend drückt wie Blei.
Rings reißt elektrisches Krachen
Und wimmernd bricht alles entzwei.

Wie schlechte Lumpen qualmen
Die Dörfer am Horizont.
Ich liege gottverlassen
In der knatternden Schützenfront.

Viel kupferne feindliche Vögelein
Surren um Herz und Hirn.
Ich stemme mich steil in die Graue
Und biete dem Morden die Stirn.

Alfred Lichtenstein, 1914

Ferne Granate
Der Wald springt auf,
die Winde ächzen
aufsternend himmelnde in den Schrei!
Die schwarze Erde
reißt den gelben Fetzen
hoch
der blinden Sonne
peitschenquer
ins Abendgesicht.

Kurt Heynicke, 1916

✔ Schreiben Sie einen fiktiven Brief an den damals 23-jährigen Georg Heym als Ihre persönliche Reaktion auf seinen Tagebucheintrag.

Otto Dix (1891/Gera – 1969/Singen)
Hauptmeister des sozialen Realismus. Besuchte ab 1909 die Kunstgewerbeschule in Dresden. Am Krieg nahm als Artillerist teil und stellte 1916 seine Kriegszeichnungen in Dresden aus.
Von 1919 bis 1922 studierte er an der Kunstakademie in Dresden und bis 1925 an der Kunsthochschule Düsseldorf. Ab 1927 lehrte er als Professor an der Dresdener Akadmie, wo er 1933 seines Amtes enthoben wurde.
1936 ließ er sich in Hemmenhofen am Bodensee nieder, wo er u.a. Landschaften in altmeisterlichem Stil malte.
Sein expressionistisches Frühwerk ist geprägt durch Kriegserlebnisse und, Anfang der Zwanzigerjahre, durch einen schneidend bissigen, sozialkritischen Realismus („Verismus"), der zeittypische Ungerechtigkeiten karikaturhaft geißelte.

✔ Welche syntaktischen und grammatikalischen Stilmittel wendet Stramm an um die Kriegswirklichkeit bildhaft darzustellen?

58 Otto Dix: Schützengraben, 1917. Gouache, 24 x 29 cm, Privatbesitz

Otto Dix, der sich auch als Kriegsfreiwilliger gemeldet hatte, erlebte den Krieg als „Naturereignis". Er war der *„konsequenteste und ausdrucksstärkste Kriegsberichterstatter der bildenden Kunst des 20. Jahrhunderts"* (Ulrike Rüdiger).
Seine Kriegserlebnisse hat er auf Feldpostkarten und hunderten von Zeichnungen und Gouachen zwischen 1915 und 1918 festgehalten.
Zunächst wollte er *„das alles ganz genau erleben"* und *„existenziell alles selber sein, selbst gekreuzigt werden".* Das Entsetzen kam später: in den mörderischen Schlachten ab 1916 an der Somme und in den Schützengräben bei Reims. In Südflandern wurde er mehrfach verwundet.

In seinem Gedicht „Gewitternacht" (hier in Auszügen wiedergegeben) verlieh der Schriftsteller **Klabund** (Pseudonym für Alfred Henschke, 1890–1928) einem vergleichbaren Kriegsschauplatz sprachlichen Ausdruck.

August Stramms Gedichte entstanden zwischen 1913 und 1915, frühere hat er selbst vernichtet. Beeinflusst von futuristischer Literatur, ist seine lyrische Sprache bis zur äußersten Grenze möglicher Kommunikation radikalisiert, verdichtet und abstrahiert. Seine Kriegsgedichte hat Stramm von der Front an Herwarth Walden geschickt, der sie im „Sturm" veröffentlichte. August Stramm fiel am 16. September 1915 in Russland.

Gewitternacht

Ich liege dämmerungszermalmt.
Die Sonne stürzt. Die Weite qualmt.
Der Himmel ist zerrissen.
Aus Äckerfurchen, Scheunentor,
Aus Schützengräben steigts empor,
Aus Furcht und Finsternissen.
(...)

An Unterständen schlank entlang
Schleicht schlangenhafter Grabgesang
Wie Marsch gestorbner Heere.

Und immer mehr und immerfort
Und Rausch und Blut und Sang und Mord
Wir sterben, sterben, sterben ...

Klabund, 1916

Patrouille

Die Steine feinden
Fenster grinst Verrat
Äste würgen
Berge Sträucher blättern raschlig
gellen
Tod.

August Stramm, 1915

Sturmangriff

Aus allen Winkeln gellen Früchte Wollen
Kreischt
Peitscht
Das Leben
Vor
Sich
Her
Den keuchen Tod
Die Himmel fetzen
Blinde schlächtert wildum das Entsetzen.

August Stramm, 1915

„Grodek“ ist Georg Trakls letztes Gedicht. Bei Grodek in Galizien (heute Ukraine) fand 1914 die erste große Schlacht des Ersten Weltkrieges zwischen Österreichern und Russen statt. Trakl nahm daran als Sanitätsfähnrich teil. Nach seinem Zusammenbruch nahm er sich in einem Krakauer Lazarett mit einer Überdosis Kokain das Leben.

Grodek

Am Abend tönen die herbstlichen Wälder
Von tödlichen Waffen, die goldnen Ebenen
Und blauen Seen, darüber die Sonne
Düstrer hinrollt; umfängt die Nacht
Sterbende Krieger, die wilde Klage
Ihrer zerbrochenen Münder.
Doch stille sammelt im Weidengrund
Rotes Gewölk, darin ein zürnender Gott wohnt
Das vergossne Blut sich, mondne Kühle;
Alle Straßen münden in schwarze Verwesung.
Unter goldnem Gezweig der Nacht und Sternen
Es schwankt der Schwester Schatten durch den schweigenden Hain,
Zu grüßen die Geister der Helden, die blutenden Häupter;
Und leise tönen im Rohr die dunkeln Flöten des Herbstes.
O stolzere Trauer! Ihr ehernen Altäre,
Die heiße Flamme des Geistes nährt heute ein gewaltiger Schmerz,
Die ungebornen Enkel.

Georg Trakl, September 1914

In **Max Beckmanns** Bild „Die Nacht“ (Bild 59) foltern drei Kriminelle eine hilflose Familie. 1920 schrieb Beckmann, er wollte den Menschen ein Bild ihres Schicksals geben und das könne man nur, wenn man sie liebe.

✔ Analysieren und interpretieren Sie das Gedicht „Grodek“ von Georg Trakl auch unter Berücksichtigung synästhetischer Stilmittel.

✔ Beschreiben Sie das Bild von Beckmann mit allen Details. Untersuchen und interpretieren Sie die Farbgebung und die Raumgestaltung.

✔ Malen oder zeichnen Sie eine zerstörte Landschaft und lassen Sie sich hierbei durch die Bilder der Gedichte über den Krieg anregen.

✔ Informieren Sie sich über die politische Situation nach dem Ersten Weltkrieg. Inwieweit ist Beckmanns Bild eine Reaktion darauf? Wie verstehen Sie seine Äußerung von 1920 in Bezug auf das Gemälde?

59 Max Beckmann: Die Nacht, 1918/19. Öl/Leinw., 133 x 154 cm, Kunstsammlung Nordrhein-Westfalen, Düsseldorf

In der Malerei ist die Collage (von fr. „coller“ = kleben) ein künstlerisches Verfahren, bei dem reale, vorgefundene Materialien oder Gegenstände wie Zeitungspapier, Fahrkarten, Fotografien, gemusterte Tapeten, Stoffe, Spielkarten, Holzfurnier, Sand, Sägespäne etc. in ein gemaltes Bild montiert oder ausschließlich zu einem Bild zusammengestellt werden.
In der Literatur und Musik versteht man unter „Collage“ das Einfügen von Zitatenmaterial als Fremdtext in einen neuen Zusammenhang.

1

Mit den so genannten „papiers collés“ (= geklebte Papiere), Bildkompositionen aus abstrakten Flächen und real vorgefundenen Fragmenten wie Zeitungsausschnitten, Tapetenresten oder Holzstücken, kündigte sich 1912, nach der kristallinen Zersplitterung der Bildformen des „analytischen Kubismus“, ein großflächigerer und farbintensiverer Stil, der „synthetische Kubismus“ an.
Erfinder der modernen Bild-Collage waren Pablo Picasso und Georges Braque. Auch der spanische Maler Juan Gris hat für den Erfolg der Collage-Technik der Kubisten einen bedeutenden künstlerischen Beitrag geleistet. Mit ihren „papiers collés“ beabsichtigten sie, *„näher an die Wirklichkeit heranzukommen“* (Braque) sowie die Oberflächenstruktur ihrer Bilder durch tastbare Reize zu bereichern (Bild 60.1).
Während des Ersten Weltkriegs und danach wurde die Collagetechnik durch die Dadaisten, vor allem durch Kurt Schwitters, weiterentwickelt. Sie *„setzten nicht Form gegen Form, sondern Material gegen Material“* (Haftmann) und schufen durch das Zusammentreffen verschiedenartigster Elemente, von Alltagsgegenständen und Abfallmaterialien eine neue Bildwirklichkeit. Die zur Berliner Dadagruppe zählende **Hannah Höch** (1889–1978) erfand zusammen mit Raoul Hausmann die Fotomontage. 1918 begann sie, verschiedenartigste Fotografien aus den Bereichen Mensch, Großstadt und Technik zu zerschneiden und zu zeitkritischen Bildern zusammenzusetzen (Bild 60.2).

2

In der Literatur ist die Collage/Montage ein Ausdrucksprinzip, das, durch ein verfremdendes Zusammenfügen verschiedener Wirklichkeitsebenen (Wort-, Gedanken- und Satzfragmente unterschiedlicher Herkunft) die gewöhnliche Mitteilungsfunktion sprachlicher Äußerung fragwürdig erscheinen lässt.
Das Gedicht „An eine Zeichnung Marc Chagalls“ von **Kurt Schwitters** aus dem Jahr 1919 zeigt beispielhaft eine lyrische Collagetechnik. Sie ist gekennzeichnet durch das Bruchstückhafte der Reihung heterogener Bilder, ohne „die gewöhnliche Mitteilungsfunktion sprachlichen Ausdrucks“. Ein Sinnzusammenhang ergibt sich erst durch den Vergleich mit Marc Chagalls collageartiger Zeichnung von 1913 (Bild 61.1).

An eine Zeichnung Marc Chagalls
Gedicht 28

Spielkarte leiert Fisch, der Kopf im Fenster.
Der Tierkopf giert nach der Flasche.
Am Hüpfemund.
Mann ohne Kopf.
Hand wedelt saure Messer.
Spielkarte Fisch verschwenden Knödel Flasche.
Und eine Tischschublade.
Blöde.
Und innig rundet Kopf am Tisch.
Fisch drückt den Tisch, der Magen übelt Schwerterstrich.
Ein Säuferstiel augt dumm das klage Tier,
Die Augen lechzen sehr den Duft der Flasche.

Kurt Schwitters, 1919

1

Als Text- oder Zitatcollage fand die von den Kubisten entwickelte Collage-Technik Einzug in die Literatur des Futurismus und Dadaismus. Für die Literatur der Zwanzigerjahre bis heute wurde die Text- oder Zitatcollage ein wesentliches Stilprinzip, z. B. in Alfred Döblins Großstadtroman „Berlin Alexanderplatz" (1929) oder in Ingeborg Bachmanns Gedicht „Reclame" (1956). In diesen Werken wurden Texte oder Zitate, z. B. auch aus der „hohen" Literatur, Redensarten, Sprichwörter, aber auch vorfabriziertes Material von Zeitungs- oder Werbetexten in die Dichtung integriert.

Auf das Weltkriegsgeschehen reagierten die Dadaisten mit Spott und bitterster Ironie. Hugo Ball sagte: *„Was wir Dada nennen, ist eine Harlekinade, gemacht aus Nichts, in der alle höheren Qualitäten im Spiele stehen."*

Ein typisches Beispiel für eine Zitat-Collage des Dadaismus stellt der Text: „Der redende Mensch" von **Richard Huelsenbeck** (1892–1974) dar. Er beginnt wie folgt:

DADADADADA – DIE DAME die ihre alte Größe erreicht hat / die Impotenz der Straßenfeger ist skandalös geworden / wer kann sagen ich bin seit er bin und du seid dulce et decorum est pro patria mori oder üb immer Treu und Redlichkeit oder da schlag einer lang hin oder ein Tritt und du stehst im Hemd wer wagt es Rittersmann oder Knapp und es wallet und siedet und brauset und zischt Concordia soll ihr Name sein.

Ein besonders charakteristisches Beispiel einer literarischen Collage der „Unsinns-Literatur" des Dadaismus der Nachkriegszeit ist **Kurt Schwitters'** Prosatext „Aufruf (ein Epos)" von 1921 (61.2). Schwitters verstand dieses politische, im „Sturm" veröffentlichte Bürgerschreck-Flugblatt als „Antiliteratur". Es lässt sich aus der Zeitsituation, der Überprüfung zerstörter Werte und aus der Hoffnung auf einen Neubeginn verstehen. Das Kunstwerk wird dabei aus dem Bereich des „Erhabenen" herausgelöst und nähert sich in distanzierender Abstraktion den banalen Gegenständen der Alltagswirklichkeit.

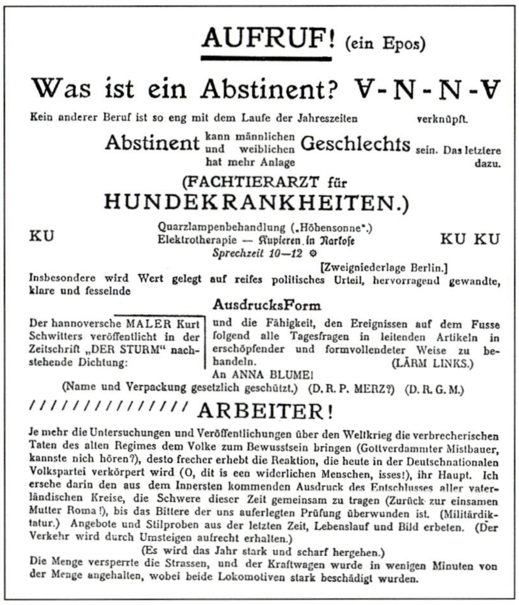
AUFRUF! (ein Epos)

Was ist ein Abstinent? V-N-N-V

Kein anderer Beruf ist so eng mit dem Laufe der Jahreszeiten verknüpft.

Abstinent kann männlichen und weiblichen hat mehr Anlage Geschlechts sein. Das letztere dazu.

(FACHTIERARZT für HUNDEKRANKHEITEN.)

KU Quarzlampenbehandlung („Höhensonne".) Elektrotherapie — Kupieren in Narkose *Sprechzeit 10—12* KU KU

[Zweigniederlage Berlin.]

Insbesondere wird Wert gelegt auf reifes politisches Urteil, hervorragend gewandte, klare und fesselnde

AusdrucksForm

Der hannoversche MALER Kurt Schwitters veröffentlicht in der Zeitschrift „DER STURM" nachstehende Dichtung:

und die Fähigkeit, den Ereignissen auf dem Fusse folgend alle Tagesfragen in leitenden Artikeln in erschöpfender und formvollendeter Weise zu behandeln. (LÄRM LINKS.)

An ANNA BLUME!

(Name und Verpackung gesetzlich geschützt.) (D. R. P. MERZ?) (D. R. G. M.)

////////////////// **ARBEITER!**

Je mehr die Untersuchungen und Veröffentlichungen über den Weltkrieg die verbrecherischen Taten des alten Regimes dem Volke zum Bewusstsein bringen (Gottverdammter Mistbauer, kannste nich hören?), desto frecher erhebt die Reaktion, die heute in der Deutschnationalen Volkspartei verkörpert wird (O, dit is een widerlichen Menschen, isses!), ihr Haupt. Ich ersehe darin den aus dem Innersten kommenden Ausdruck des Entschlusses aller vaterländischen Kreise, die Schwere dieser Zeit gemeinsam zu tragen (Zurück zur einsamen Mutter Roma!), bis das Bittere der uns auferlegten Prüfung überwunden ist. (Militärdiktatur.) Angebote und Stilproben aus der letzten Zeit, Lebenslauf und Bild erbeten. (Der Verkehr wird durch Umsteigen aufrecht erhalten.)

(Es wird das Jahr stark und scharf hergehen.)

Die Menge versperrte die Strassen, und der Kraftwagen wurde in wenigen Minuten von der Menge angehalten, wobei beide Lokomotiven stark beschädigt wurden.

2

In der Musik bezeichnet die Collage eine Kompositionstechnik, die – vergleichbar mit dem Prinzip Collage in Kunst und Literatur – auf dem Zusammenfügen verschiedenster akustischer Materialien beruht.

Eines der eindrucksvollsten Tonbeispiele für eine musikalische Collage des frühen 20. Jahrhunderts ist **Charles Ives** „The Unanswered Question" aus dem Jahr 1908 für Trompete, Flötenquartett und Streicher (Hörbeispiel 14).

Ives stellt hier atonale neben tonale Partien und durchkreuzt sie. Er schafft einen Klangraum, in dem die musikalischen Elemente wirken, als seien sie zeitlich und räumlich verschiedenen Ursprungs. Siebenmal wird durch die Trompete die „ewige Frage nach dem Sein" gestellt und collageartig in den meditativ wirkenden Klangraum der Streicher, in eine „kosmische Landschaft" (so der Untertitel des Werkes) auf verfremdende Weise einmontiert. Die Suche des Flötenquartetts nach der *„unsichtbaren Antwort"* (Ives), ebenfalls als Collage gestaltet, wird zunehmend aktiver, länger und lauter. Ein letztes Mal wird die Frage gestellt und verebbt dann in *„undisturbed solitude"* (Ives).

Ein Beispiel für eine Zitat-Collage des frühen Expressionismus findet sich im 2. Satz, einem Scherzo, des Streichquartetts Nr. 2 Fis Moll (1907) von **Arnold Schönberg** (Hörbeispiel 12).

Als kontrastreich wirkenden „Fremdkörper" zitiert er bei der Rückleitung vom Trio zum Hauptteil das bekannte Lied „O, du lieber Augustin" (vgl. S. 53 Randspalte). Nicht allein die Art, auf welche Weise das Zitat verarbeitet wird, sondern auch die Folge- und Wechselwirkung mit seiner neuartigen Umgebung, ist ein Stilmerkmal von Schönbergs expressionistischem Kompositionsverfahren. Als Eigen- oder Fremdzitat war das Collage-Verfahren schon in der vorausgehenden Musik durchaus geläufig, jedoch nie stilprägend.

60.1. Pablo Picasso: Glas und Suze-Flasche, 1912. Aufgeklebtes Papier, Gouache und Kohle, 65,4 x 50,2 cm, St. Louis, Washington University

60.2. Hannah Höch: Schnitt mit dem Küchenmesser Dada durch die letzte Weimarer Bierbauchkulturepoche Deutschlands, 1919/20. Fotomontage, 114 x 90 cm, Nationalgalerie Berlin

61.1 Marc Chagall: Der Trinker, 1913. Zeichnung

61.2 Kurt Schwitters: Aufruf! (ein Epos), 1921. Flugblatt, in der Zeitschrift „Sturm" veröffentlicht. Sprengel Museum Hannover

14

12

✔ Stellen Sie eine Fotocollage zu einem Sie interessierenden aktuellen Thema aus Ihrer Umwelt her. Achten Sie auch auf formlogische Beziehungen der collagierten Teile und arbeiten Sie ein deutlich erkennbares Bildzentrum heraus.

✔ Suchen Sie aus der Tageszeitung Textausschnitte zu einem Themenkreis dieses Heftes aus und setzen Sie die Fragmente in Beziehung zu einem motivgleichen Gedicht aus dem vorliegenden Heft.

✔ Mischen Sie im Multiplayverfahren Straßentöne, ein bekanntes Lied oder einen Song mit Textzitaten und mehr oder weniger koordinierten Instrumentalklängen.

1

62.1 Original-Plakat, 1920. Grafik: E.L. Stahl, O. Arpke

Expressionismus und Film forderten sich gegenseitig heraus. Der Film verlangte als letzte Konsequenz die Übersteigerung und Rhythmisierung der Gebärde, der Expressionismus die Darstellungs- und Variationsmöglichkeiten der Leinwand. Gerade für den Schauspieler musste der Film ein Zwang zu extensiver Darstellung werden und so den Tendenzen einer neuen Bühnenkunst entgegenkommen.

Herbert Jhering, 1920

Der Film, den wir heute sehen, ist ein anderer als damals. Wir haben andere Seherfahrungen in uns. Geschichte hat stattgefunden. (...) Wir müssen uns nicht nur neu faszinieren lassen, uns selbst im Dargestellten wieder erkennen, sondern mithilfe von Kritiken und damaligen Einschätzungen uns auch ein Bild von dem Film machen, den das Publikum damals im Kopf hatte oder doch gehabt haben könnte.

Hicketier, 1986

Die erste Blütezeit des deutschen Films begann mit den Stummfilmen der Zwanzigerjahre.
Als „expressionistisch“ gelten die in Deutschland zwischen den Jahren 1919 und 1924 gedrehten Filme. Während Filme wie Paul Wegeners „Der Golem“ (1920), F. W. Murnaus „Nosferatu“ (1922) oder Karl Grunes „Die Straße“ (1923) nur einzelne expressionistische Stilelemente enthalten, sind vor allem sechs Produktionen als besonders repräsentativ für den Film des Expressionismus: „Das Cabinet des Dr. Caligari“ und „Raskolnikow“ (Robert Wiene, 1919 und 1922/23), „Von morgens bis mitternachts“ (Karl Heinz Martin, 1920), „Genuine“ (Carl Mayer, 1920), „Das Haus zum Mond“ (Karl Heinz Martin, 1920) und, als Schlusspunkt expressionistischer Filmproduktion: „Das Wachsfigurenkabinett“ (Paul Leni, 1924).

Der erste und bedeutendste expressionistische Film ist **„Das Cabinet des Dr. Caligari“**, eine Produktion der Decla-Filmgesellschaft. Robert Wiene führte Regie, das Drehbuch schrieben Carl Mayer und Hans Janowitz, die expressionistischen Kulissen bauten und malten Hermann Warm, Walter Reimann und Walter Röhrig, drei Künstler, die auch in der Zeitschrift „Der Sturm“ publizierten. Hauptdarsteller waren Werner Krauß in der Doppelgängerrolle als Irrenhaus-Direktor und Schaubudenbesitzer Dr. Caligari, Conrad Veidt als das Medium Caesare und Lil Dagover als Johanna.

2

62.2 Amtsraum des Staatssekretärs, den Dr. Caligari umzubringen beschließt

Seit Jahren ... habe ich nicht so aufmerksam im Kino gesessen wie beim „Kabinett des Dr. Caligari“. Dieser Film ... ist etwas ganz Neues. Der Film spielt – endlich! endlich! – in einer völlig unwirklichen Traumwelt, und hier ist ohne Rest gelöst, was seinerzeit bei der Inszenierung der „Wupper“ (Anm: frühexpressionistisches Bühnen-Drama von Else Lasker-Schüler, 1909), im Deutschen Theater erstrebt wurde und nicht ganz erreicht werden konnte. Wenn man nun noch die Schauspieler in weniger reale Kostüme steckte – wo gibt es in diesen schiefen, verqueren, hingehauenen Häusern solche soliden Kragen? –: dann wäre alles gut. (...) Aber nun laßt mich loben. Ein Wahnsinniger erzählt einem Kollegen der gleichen Fakultät sein Schicksal. Das Ganze unheimlich aufgebaut, verwischt, aber nicht ganz vom Raisonnement befreit. Fast jedes Bild ist gelungen: namentlich jene kleine Stadt auf dem Berge (alle Szenerien sind gemalt, nichts vor wirklichen Dingen), ein Platz mit Karussells, merkwürdige Zimmer, entzückend stilisierte Amtsräume, in denen Hoffmannsche Beamte auf spitzen Stühlen sitzen und regieren. Verzwackt die Gebärde, verzwickt das Licht und Schattenspiel an den Wänden ...
Die Fabel vom Mißbrauch des Somnambulen eben nicht neu – aber höchst einprägsam gemacht. Manche Bilder haften: der Mörder in seiner hohen Zelle, Straßen mit laufenden Leuten, eine dunkle Gasse – man muß an Wunder glauben, um das gestalten zu können. Und die Mimen?
Werner Krauß wie aus einer Hoffmannschen Erzählung herausgeschnitten, er ist wie ein Kobold aus einem deutschen Märchen, ein Bürgerteufel, eine seltsame Mischung aus Realistik und Phantasie. (...)
Veidt stelzt dünn und nicht von dieser Erde durch seine wirre Welt; einmal ein herrlicher Augenaufschlag, einmal wie von Kubin, schwarz und schattenhaft und ganz lang an einer Mauer hingespensternd.
Ein Mord wird sichtbar – als Schattenspiel an einer grauen Wand. Und zeigt wieder, wie das Geahnte schrecklicher ist als alles Gezeigte. Mit unserer Phantasie kann kein Kino mit. Und daß in diesem Film, von einer geraubten Frau, ein Schrei ertönt, den man hört, wirklich hört (wenn man Ohren hat) – das soll ihm unvergessen sein.
Das Publikum schwankte zwischen Heiterkeit und Unverständnis: der Berliner hat, wenn er sich grault, einen Lacher zur Verfügung, der durch die Nase geblasen wird, das ist höchst effektvoll. Ein Provinzgeschäft ist es nicht, und ich fürchte, nicht einmal ein Berliner Geschäft.
Aber – die größte von allen Seltenheiten – : ein guter Film. Mehr solcher!

Kurt Tucholsky in der „Weltbühne“ vom 13.3.1920

Stilistische Analogien zwischen Bildender Kunst und dem Film des Expressionismus finden sich vor allem in der antinaturalistischen Bühnen- und Lichtgestaltung und in der überzeichneten Mimik und Gestik der Figuren. Die Dekoration, die sich in zeitgleichen Filmen weit gehend auf naturalistische Darstellungen beschränkte, erinnert im expressionistischen Film, mit seiner ambivalenten, aperspektivischen Raumstruktur, den verzerrt dargestellten

Häuserfronten, Giebeln und Straßenfluchten, dem Inventar der Interieurs sowie den ornamentalen, raumdynamisierenden Linien an die schrägen, kantig-kristallinen, splittrigen Bildformen und -kompositionen der expressionistischen Malerei und Grafik Ludwig Meidners, Lyonel Feiningers und an die Malerei der „Brücke“ und ihre Holzschnitte. Gerade dies Holzschnittartige inspirierte auch den Bühnenbildner Walter Röhrig: *„Das Filmkunstwerk muß eine lebendige Grafik werden.“*
Die Bühnengestalter des „Caligari“-Films beabsichtigten jedoch nicht, ein expressionistisches Kunstwerk zu schaffen. Autonome Bildkunst lag weder in der Absicht noch in den Möglichkeiten der damaligen Filmarchitekten. *„Es ist natürlich noch nicht denkbar vollkommenster Expressionismus, der zur Anwendung kam ..., (denn) Film ist auch Industrie.“* (Berliner Zeitung am Mittag, 27.2.1920).

Vor allem aber fehlte dem frühen Stummfilm im Vergleich zur Malerei die zentrale Ausdrucksmöglichkeit farbiger Gestaltung. Funktion des Bühnenbildes war, mithilfe eines stilisierten expressionistischen Formvokabulars die gestörten innerpsychischen Prozesse der Akteure zu veranschaulichen und durch formale Verzerrungen die Irrealität einer aus allen Fugen geratenen Welt zu erzeugen. Durch die bizarre Verformung der 33 Dekorationen und die überzeichnete Mimik und Gestik sollte die Bedrohung durch geistige Enge und autoritäre Machthaber (Caligari) zum Ausdruck gebracht werden.
Die Lichtgestaltung des Schwarz-Weiß-Films ist durch starke Hell-Dunkel-Kontraste gekennzeichnet, die sowohl mithilfe von künstlichen Lichtquellen mit bedrohlich wirkender Schattenbildung als auch durch gemalte Effekte auf der Dekoration realisiert wurde (vgl. Bild 63.2).
So entstand eine der Handlung entsprechende, unwirkliche und unheimliche Stimmung von gespenstisch-alptraumhafter Wirkung.

Bezeichnenderweise hat sich der expressionistische Stummfilm, mit Ausnahme des Films „Von morgens bis mitternachts“, der sich auf Georg Kaisers Drama bezieht, keiner Vorlage expressionistischer Literatur bedient. Analogien zum Motiv des Irren, des Verbrechers aus psychiatrischem Milieu im „Caligari“-Film lassen sich auch in der Lyrik des Expressionismus finden. Während jedoch hier der Sonderling als Kontrastfigur zur verhassten bürgerlichen Welt fungiert, weist der expressionistische Film, aus wirtschaftlichen Gründen, keine dezidiert antibürgerlichen Tendenzen auf.
Durch eine artifizielle Spielweise der Darsteller versucht der expressionistische Film, jede natürliche Bewegung zu vermeiden. So gelingt es z.B. Karl Krauß, dem Darsteller des Caligari, durch seine gekrümmte Haltung, durch hochgezogenen Schultern und trippelnden Gang, durch marionettenhaft ruckartige Bewegungen und mimisch-gestisches Spiel eine dämonische und dem Dekor entsprechende Wirkung zu erzielen.

Die noch nicht voll entwickelte Kameratechnik bedient sich insgesamt noch tradierter Bühnentechniken. So lässt die nahezu durchgängig statische Kameraführung die Bildhaftigkeit des Dekors, die Licht- und Schattengestaltung und die Akteure voll zur Geltung kommen. Der expressionistische Film legte besonderen Wert auf die Bildkomposition einzelner Szenen vor der Kamera, ohne Anspruch auf technische Vollkommenheit.
Ein wesentliches Merkmal des expressionistischen Films ist sich als Kunstfilm vom damals üblichen Schauerroman- und Klamaukfilm abzusetzen.
Der Film als Kunstwerk hatte seine spezifischen formalen Merkmale, die sich vom Theater durch eine wesentlich höhere Flexibiltät technischer Darstellung unterschied: z.B. durch schnellere Szenenfolgen, raschen Wechsel der Schauplätze, verschiedene Entfernungseinstellungen und Betrachterstandpunkte und nicht zuletzt durch die Mittel der Montagetechnik, die eine nahezu gleichzeitige Rezeption parallel geführter Handlungen ermöglichte.

✔ Was für eine Stimmung erzeugt der Film? Mit welchen filmischen Mitteln werden diese Stimmungen erzeugt?

✔ Entwerfen Sie zu einer ausgewählten Filmszene ein Bühnenbild als Vorlage für einen S/W-Linolschnitt.

✔ Versuchen Sie mit einfachen Mitteln eine Vertonung zu einer ausgewählten Filmsequenz herzustellen.

63.1 Dr. Caligari weckt das Medium Caesare auf

63.2 Aufgemalte Lichteffekte im Bühnenbild

1

2

S. 4: (Simplicissimus): BPK Berlin; (Einsteinturm): Dyckerhoff & Widmann, München; (Feine Gesellschaft): Dt. Museum, München; (Titanic): BPK, Berlin; S. 5: (Potsdamer Platz): Ullstein Bilderdienst, Berlin; (Zechenarbeiterinnen): © VG Bild-Kunst, Bonn 1998; (Dt. Soldaten ...): BPK/Tellgmann, Berlin; (Novemberrevolution): AKG Berlin; 6: Brücke Museum/R. März, Berlin; 8: BPK/J. P. Anders, Berlin; 10: DIZ-Dokumentations- und Informationszentrum München GmbH; 11.1, 11.2: Rheinisches Bildarchiv Köln, 12: AKG Berlin; 13.1: Ullstein Bilderdienst, Berlin; 13.2: Städt. Kunsthalle Recklinghausen; 15: Westfäl. Landesmuseum f. Kunst u. Kulturgeschichte, Münster/R. Wakonigg; 16: BPK Berlin; 17: © L & M Services B. V. Amsterdam 980302; 18: Sprengel Kunstmuseum, Hannover; 19.1: AKG Berlin; 19.2: AKG Berlin; 20: Artothek, Peissenberg· 21: AKG Berlin; 22.1: Staatl. Kunstsammlungen Dresden, Kupferstichkabinett; 24.2: aus: Danuser, H.: Die Musik des 20. Jh., Neues Handbuch d. Musikwissenschaft Bd. 7, Wiesbaden 1984; 26.1: Artothek, Peissenberg; 26.2: Wilhelm-Lehmbruck-Museum/Bernd Kirtz, Duisburg, © Pechstein/Hamburg-Tökendorf; 26.3: © Nachlass Erich Heckel, 78343 Hemmenhofen; 27.1: Brücke-Museum Berlin; 27.2: Artothek/Joachim Blauel, Peissenberg; 28.1: AKG Berlin, © The Munch Museum/The Munch Ellingsen Group/VG Bild-Kunst, Bonn 1998; 28.2: AKG/Erich Lessing, Berlin; 29: Otto-Dix-Archiv Schaffhausen; 30: Artothek Peissenberg, © Succession H. Matisse/VG Bild-Kunst, Bonn 1998; 31.1: © Nolde-Stiftung Seebüll; 31.2: Dt. Tanzarchiv/Charlotte Rudolph, Köln; 32: AKG Berlin; 33.1: aus: Adelsbach, K./Firmenich, A. (Hrsg.): Tanz in der Moderne. Von Matisse bis Schlemmer. Ausstellungskatalog, Köln 1996; 33.2: Scala, Florenz; 33.3: AKG Berlin, © L & M Services B. V. Amsterdam 980302; 34: BPK, Berlin; 34.1: AKG Berlin; 34.2: Hannes Kilian, Wäschenbeuren; 38: Artothek/Peter Willi, Peissenberg; 39: Artothek/P. Willi, Peissenberg, © Sucession H. Matisse/VG Bild-Kunst, Bonn 1998; 40: AKG Berlin, © Succession Picasso/VG Bild-Kunst, Bonn 1998; 41.1: Kunstmuseum Bern, Hermann und Margrit Rupf-Stiftung/Peter Lauri, Bern; © Succession Picasso/VG Bild-Kunst, Bonn 1998; 41.2: © Jean Willy Mestach, Brüssel; 41.3: © Succession Picasso/VG Bild-Kunst, Bonn 1998; 42.1: BPK Berlin; 42.2: © Nolde-Stiftung Seebüll; 43.1: Städtische Galerie im Lenbachhaus München; 43.2: BPK Berlin; 43.3: Städtische Galerie im Lenbachhaus München; 44: Ullstein Bilderdienst, Berlin; 44.2: G. D. Hackett, New York; 46: Artothek/J. Blauel, Peissenberg; 47: Artothek/Blauel, Gnamm, Peissenberg; 48.1: AKG/Erich Lessing, Berlin; 48.2: Staatsgalerie Stuttgart; 49.1: Artothek/Peter Willi, Peissenberg; 49.2: Centre Georges Pompidou/Jacques Faujour, Paris; 50: Lautgedicht Karawane aus: Hans Arp, Hugo Ball, Dada-Dichtungen der Gründer © 1957 by Verlags AG Die Arche, Zürich; 51: Sprengel Museum Hannover, Verlags AG Die Arche, Zürich; 54: aus: Derouet, Ch./Boissel, Y.: Oeuvres de Vassily Kandinsky. Collections du Musée National D´art Moderne, Georges Pompidou, Paris; 55: Artothek/J. Blauel, Peissenberg; 56: Hamburger Kunsthalle/Elke Walford, Hamburg; 57: Museum Ludwig Köln, Rheinisches Bildarchiv, Köln; 58: Otto-Dix-Archiv, Schaffhausen; 59: Artothek/J. Blauel, Peissenberg; 60.1: Artothek/H. Hinz, Peissenberg, © Succession Picasso/VG Bild-Kunst, Bonn 1998; 60.2: BPK/Jörg P. Anders, Berlin; 61.2: Sprengel Museum Hannover, Verlags AG Die Arche, Zürich; 62.1: Cinetext, Frankfurt/M.; 62.2: Cinetext, Frankfurt/M.; 63.1: Cinetext, Frankfurt/M.; 63.2: Cinetext, Frankfurt/M.

Adelsbach, K./Firmenich, A. (Hrsg.): Tanz in der Moderne. Von Matisse bis Schlemmer. Ausstellungskatalog, Köln 1996
Appolonio, U.: Der Futurismus. Manifeste und Dokumente einer künstlerischen Revolution 1909-1918, Köln 1972
Blume, E.: Expressionismus und Weltkrieg. Zur Reaktion von Max Beckmann, Otto Dix und Ernst Ludwig Kirchner. In: Schade, G./Ohlsen, M.: Expressionisten. Die Avantgarde in Deutschland. Ausst.katalog Nationalgalerie Berlin 1986
Brandstetter, Gabriele: Tanz-Lektüren. Körperbilder und Raumfiguren der Avantgarde. Frankfurt/Main 1995
Breuer, G./Wagemann, I.: Ludwig Meidner. Katalog zur Ausstellung Mathildenhöhe Darmstadt, Bd. 1, 1991
Daix, P. (Hrsg.): Kubismus in Wort und Bild, Genf 1982
Gerhardus, M. u. D.: Kubismus und Futurismus, Freiburg 1977
Grochowiak, Th.: Ludwig Meidner, Grand Café Schöneberg. In: Roters, E., a.a.O.
März, R.: Metropolis – Krawall der Irren. In: Schuster, K.-P. (Hrsg): George Grosz, Berlin–New York, Ausstellungskatalog Staatsgalerie Stuttgart, Berlin 1995
Pollig, H.: Exotische Welten – Europäische Phantasien. Ausstellungskatalog Stuttgart 1987
Roters, E./Schulz, B.: Ich und die Stadt. Ausstellungskatalog, Berlinsche Galerie im Martin Gropius Bau, Berlin 1987
Roters, E.: Europäische Expressionisten, Gütersloh 1971
Rubin, W.: Primitivismus in der Kunst des zwanzigsten Jahrhunderts, München 1984
Schneider, K. L.: Zerbrochene Formen, Hamburg 1967
Walden, H.: Einblick in die Kunst. In: Pörtner, P. (Hrsg.): Literaturrevolution 1910-1925, Bd. 1, Darmstadt, Neuwied, Berlin 1960
Willett, K.: Expressionismus, München 1971
Wolfradt, W.: Ludwig Meidner. In: Schade, G./Ohlsen, M.: Expressionisten, a.a.O.

Becker, M.: Ludwig Meidner und die frühexpressionistische Großstadtlyrik. In: Breuer, G:/Wagemann, I., a.a.O.
Best, O.F./Schmitt, H.-J. (Hrsg.): Expressionismus und Dadaismus, Stuttgart 1974
Brinkmann, R.: „Abstrakte" Lyrik im Expressionismus. In: Steffen, H. (Hrsg.): Der deutsche Expressionismus, Göttingen 1965
Große, W.: Expressionistische Lyrik, Hollfeld 1996
Grosz, G.: Kaffeehaus, 1915/16 in: Herzfelde, W./Marquardt, H. (Hrsg.): Pass auf! Hier kommt Grosz. Bilder, Rhythmen und Gesänge 1915-18. Frankfurt/Main 1981
Kemper, H.G.: Vom Expressionismus zum Dadaismus. Kronberg/Taunus 1974
Lach, F. (Hrsg.): Kurt Schwitters. Das literarische Werk, Köln 1973
Meidner, Ludwig: Anleitung zum Malen von Großstadtbildern. Aus: Das neue Programm, 1914
Meidner, Ludwig: Im Nacken das Sternenmeer. Kurt Wolff Verlag, Leipzig 1918
Vietta, S. (Hrsg.): Lyrik des Expressionismus (Anthologie), Tübingen 1985
Wolfenstein, Alfred: Über allen Zaubern. In: Der Lebendige. Novellen. München 1918. © Akademie der Wissenschaften und Literatur, Mainz

Danuser, H.: Die Musik des 20. Jahrhunderts. Neues Handbuch der Musikwissenschaft, Wiesbaden 1984
Hahl-Koch, J. (Hrsg.): Arnold Schönberg–Wassily Kandinsky. Briefe, Bilder und Dokumente einer außergewöhnlichen Begegnung. Salzburg/Wien 1980
Mascher, E.: Expressionismus in Musik und bildender Kunst des 20. Jahrhunderts. In: Musik und Unterricht, Heft 34, Seelze 1995
Rathert, W.: The Seen and Unseen. Studien zum Werk von Charles Ives, München/Salzburg 1991
Scherliess, V.: Igor Strawinsky, Le Sacre du Printemps, München 1982
Szabolczi, Bence (Hrsg.): Béla Bartók. Weg und Werk. Schriften und Briefe, München 1972
Wangenheim, A. von: Béla Bartók: „Der wunderbare Mandarin". Die Tanzarchiv-Reihe, Bd. 21, Overath b. Köln 1985